💗 **1986년 음력 3월 25일 새벽 02시 여자의 사주는 다음과 같다.**

시주:신축	일주:정미	월주:임진	년주:병인

오행(목:1 화:2 토:3 금:1 수:1)

신:金(금)	정:火(화)	임:水(수)	병:火(화)
편재	나	정관	겁재
辛	丁	壬	丙
丑	未	辰	寅
축:土(토)	미:土(토)	진:土(토)	인:木(목)
식신	식신	상관	정인
癸辛己	丁乙己	乙癸戊	戊丙甲

대 운 카 드

79	69	59	49	39	29	19	9
				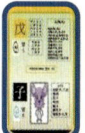			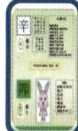

현) 포코아 뉴 명리
출판사 대표.
특허, 실용신안 .
서비스표 다수
문영 갑민 캐릭터등록
오행이랑 12지지
캐릭터
공동 저작권 등록
60갑자 카드 특허
공동 출원
현) 법학과 재학중

책머리에

 지인들과의 모임에 참석하면, 명리학을 공부한다는 것을 아는 지인들이, 사주 봐 달라고 해서 봐주고 나면, 가족들 사주를 다 얘기하면서 봐달라고 하는 통에 모임시간 내내 사주만 봐주고 오는 때가 많았다. 그래서 생각해 낸 것이 사주를 봐주는 것이 아니라, 사주를 보는 법을 가르쳐주자 해서 쓰여진 책이 "니 사주 니가 봐"책이다. 사주에 관심이 있는 초보자들도, 사주를 보는 법을 이 책을 통해 알수 있게 자세하게 설명을 하고, 사주카드로 쉽게 볼 수 있게 만들었다.

생각해보면 어제 같이 생생한 일이지만, 초등학교도 들어가기 전의 일이다. 남쪽 마을, 바닷가에서 박물장수 술사(術師)를 만났다. 그 할머니는 큼지막한 함지박에 생필품 및 구급약 동동구리무(현재 로션)등을 머리에 이고, 천하를 주유하며 만물상을 하는 할머니 이셨던 걸로 기억한다..

어느 날, 우리 집 대청 마루에서 그 할머니와 마주 앉아 커다란 그림 책을 본 것으로 기억한다. 그 할머니는 책 몇장을 넘기시더니 이런 말을 했다. 이 아이는 커서 도인이 될 것이라고 하시던, 그 책이 바로 지금에 와서 보니 "당사주" 책이다. 그때부터 명리와의 끈질긴 연이 시작되었다. 그 후 행인지? 불행인지? 전국 방방곡곡을 누비고, 해외까지, 나갈 수 있는 좋은 직업을 가지게 되어서 대역마의 인생 여정이 시작되었다.

해외를 내집처럼 돌아다니고, 귀국해서는 깊은 산골에서 몇 달씩 산을 붙들어도 보았고, 산속에 은거하고 있는 기인이사(奇人異士)들과도 많은 대화를 나누었다. 토굴, 사찰등을 찾아 들어 몇일밤씩 뜬 눈으로 밤을 지새기도 했다. 그때 만난 인연이 캐릭터 문영이와 갑민이다. 산속에서 명상에 잠겼을 때, 문영이가 와서 자기 기도처라고 하면서 둘이 싸우다가 정들었는데, 그때부터 문영이와 친구가 되었다. 문영이와 같이 있던 친구가 갑민이다.

운명이라는 화두를 끌어 안고 살아온 지도 수십년이 되었다. 그렇게 다니면서 배우고 깨달은 것을 여기에 옮겨 보고자 한다. 누구나 쉽게 접근하기가 어려워서 그냥 미신으로 밀쳐 버리기 쉬운 육십갑자를, 천재 화가 삼형제가 캐릭터를 그려주고, 컴퓨터 도사 남선생에 의지해서 책을 집필하고 사주카드도 만들었다. 덤으로 내 이미지 커리커쳐도 선물 받는 행운을 누렸다. 아울러 오행과 육친으로 재미있는 점을 치는 방법도 독창적으로 개발해 보았다. 그저 명리를 널리 보급하고, 바로 알리고자 하는 취지로 발간하는 책이다.

2014년 12월 01일 해저문 술(戌)시(時)에

　어떤 하루도 나쁜 날이 없고, 좋은 날도 없으며, 나쁜 사주도 없고 좋은 사주도 없다고 합니다. 마음을 긍정적으로 가지고 열심히 살면, 힘들었던 일들도 잘 풀려 나간다고 합니다. 아무리 좋은 사주라도 노력 없는 행복이 없고 나쁜 사주라고 해도 노력하면 성공하는 것이 진리라고 합니다.

　명리라는 것은 공부하면서 준비(추운겨울)를 하고, 사업을 시작해서 왕성하게 일을 하고 활동을 하는(봄,여름), 리듬을 찾는 학문이라고 합니다. 이 책으로 사주를 살펴보고 나서,나서야 할때와 기다려야 할때의 순리를 찾는데, 조금이나마 도움이 되었으면 하는 바람입니다.

　책장을 넘기면서 본인의 카드 네장을 뽑아서 진로를 찾아보고 건강도 찾아보고 성격도 찾아서 종합적으로 컨설팅해서 좋은 결실 거두기를 기원합니다

　명리를 깊게 공부한 어떤 분의 얘기를 잠시 해보고자 합니다. 평생을 명리 공부를 해서 사람만 봐도, 그 사람의 살아온 길 앞으로 살아갈 길이 보인다는 도인 이었다고 합니다. 그 도인은 사람들에게 말한마디 못하고, 깊은 탄식을 하면서 산 속으로 들어가 버렸답니다.

　왜? 산속으로 들어갔을까요? 좋은 일을 말하고 나서 나쁜 일을 말해 줄 용기가 없을 만큼, 착하고 여린 분이었다고 합니다. 그 사람의 모든 것을 알고 있어도 차마 말을 못하고 산 속으로 가버린 그 도인은, 이제는 만날 수가 없습니다. 어쩌면, 우리 곁에서 지금도 말 못하고 바라만 보고 있을지도…….

제 1 장

- ◆ 사주카드의 이해.........6
- ◆ 오행이를 소개합니다......7
- ◆ 오행의 의미와 상생과 상극에 대한 이해.....8
- ◆ 오행의 상생 상극과 건강.......9
- ◆ 만세력 보는 법........10
- ◆ 시간지 조견표.......12
- ◆ 사주카드 활용법........13
- ◆ 대운카드 보는 법........14

사주카드의 이해

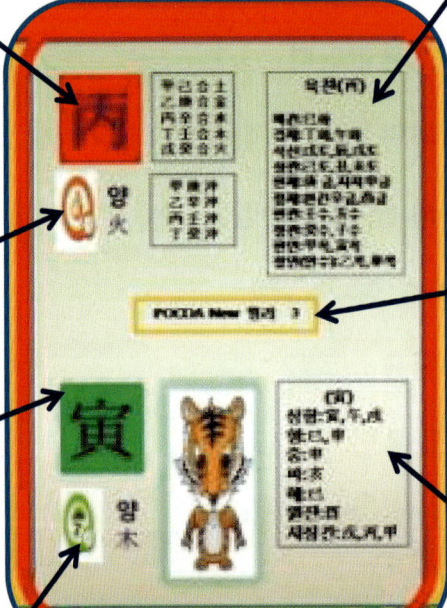

사주카드의 천간에 해당한다. 예에서 보이는 것은 丙(병)이다.

사주카드의 천간에서 보는 지지의 육친이다. 예를 들어, 병에서 보는 寅(인)의 육친은 ~이다.

사주카드의 천간의 오행이다. 병의 오행은 양목이다.

60갑자중에 몇번째인지 번호를 나타낸다. 포코아 뉴 명리 60갑자 카드 중의 3번이다.

사주카드의 지지에 해당하는 카드이다. 예에서 보이는 것은 寅(인:호랑이)이다. 보기에 나오는 띠는 호랑이띠 이다.

사주카드의 지지의 寅(인)에 대한 삼합,형,충,파,해,원진,지장간에 해당하는 천간을 나타낸다.

사주카드의 지지의 오행이다. 인의 오행은 양목이다.

천간은 십간(十干)이라고도 한다. 갑(甲), 을(乙), 병(丙), 정(丁), 무(戊), 기(己), 경(庚), 신(辛), 임(壬), 계(癸)이며, 사주카드의 위에 위치한다. **지지**는 12지지이다. 12지지는 子(자),丑(축),寅(인),卯(묘),辰(진),巳(사),午(오),未(미),申(신),酉(유),戌(술),亥(해)이며, 사주 카드의 아래에 위치한다.

오행이를 소개합니다.

福

불
나무
바위
흙
물

안녕 친구들!
난 오늘 새로 태어난
오행이야!
앞으로 친하게 지내자

오행이는 목(나무) 화(불) 토(흙) 금(쇠,바위) 수(물)를 가진 우리에게 꼭 필요한 친구랍니다.

오행의 의미와 상생과 상극에 대한 이해

오행의 의미: 木(목),火(화),土(토),金(금),水(수)의 다섯가지 기운을 말하는 것으로, 태극의 움직임에 따라 양과 음이 나타나게 되고, 양음이 또 분합작용을 일으켜 다섯 개의 성질이 발생하는 것을 오행이라 한다.

오행의 상생: 나무(木)는 불을 태우게 하는 재료가 되고, 불(火)은 나무를 태워서 재를 만들어서 땅(土)을 기름지게 하고 땅은 흙을 굳혀서 금(金:돌이나 바위)을 만들고, 돌이나 바위에서는 물(水)을 생산해내고 물은 나무(木)를 키운다. 이것이 오행의 상생(相生)이다.

> **오행의 상생:** 木生火(목생화),火生土(화생토), 土生金(토생금), 金生水(금생수) ,水生木(수생목)

오행의 상극: 나무는 땅의 기운을 뺏고 땅은 물을 가로막고, 물은 불을 끄고, 불은 금을 녹이고 금은 나무를 찍는다.

> 목(木)극(剋)토(土), 토(土)극(剋)수(水),수(水)극(剋)화(火), 화(火)극(剋)금(金),금(金)극(剋)목(木)

오행의 상생 상극과 건강

- 목 / 담,간
- 수 / 신장,방광
- 토 / 비,위
- 화 / 심장,소장
- 금 / 폐,대장

만세력 보는 법

💗 컴퓨터나 스마트폰에서 만세력어플 다운 받아서 년월일시를 입력하면 됩니다.

💗 책(만세력)으로 사주를 찾는 방법
예를 들어서 1986년 음력 3월 25일
새벽 2시(여자)에 태어난 사람의 사주를
찾아 보겠습니다.

💗 만세력에서 1986년을 찾으면 丙寅年이 나오고 음력 3월을 찾으면 壬辰月이 나오고, 3일을 찾으면 丁未日이 나옵니다. 시를 찾는 방법은 뒷페이지에 있습니다.

丙寅 年 壬辰 月 丁未 日

음력	~	21	22	23	24	25
양력	~	4/29	4/30	1	2	3
일진	~	癸卯	甲辰	乙巳	丙午	丁未

시주(時柱)보는 법

12지지	자시(쥐)	축시(소)	인시(호랑이)	묘시(토끼)	진시(용)	사시(뱀)
시간	23~01	01~03	03~05	05~07	07~09	09~11
12지지	오시(말)	미시(양)	신시(원숭이)	유시(닭)	술시(개)	해시(돼지)
시간	11~13	13~15	15~17	17~19	19~21	21~23

앞의 예에서 새벽 2시쯤에 태어났다. 축시에 태어난 것이다. 그러므로 일주인 丁未日 丑時(축시)에 태어났으니, 시주는 다음과 같이 찾으면 된다.

앞의 사주에서 태어난 일주가 丁未이므로, 가로축에서 丁(정)을 찾고 축시에 태어났으므로, 세로축에서는 축(丑)을 찾아야 한다. 서로 교차되는 천간이 시주가 된다.

시간지 조견표

일천간 시간	갑 기	을 경	병 신	정 임	무 계
자	1.갑자	13.병자	25.무자	37.경자	49.임자
축	2.을축	14.정축	26.기축	38.辛丑(신축)	50.계축
인	3.병인	15.무인	27.경인	39.임인	51.갑인
묘	4.정묘	16.기묘	28.신묘	40.계묘	52.을묘
진	5.무진	17.경진	29.임진	41.갑진	53.병진
사	6.기사	18.신사	30.계사	42.을사	54.정사
오	7.경오	19.임오	31.갑오	43.병오	55.무오
미	8.신미	20.계미	32.을미	44.정미	56.기미
신	9.임신	21.갑신	33.병신	45.무신	57.경신
유	10.계유	22.을유	34.정유	46.기유	58.신유
술	11.갑술	23.병술	35.무술	47.경술	59.임술
해	12.을해	24.정해	36.기해	48.신해	60.계해

❤ 앞의 사주에서 태어난 일주가 丁未이므로, 가로축에서 丁(정)을 찾고 축시에 태어났으므로, 세로축에서는 축(丑)을 찾아야 한다. 서로 교차되는 천간이 사주가 된다. 천간 丁(정) 이랑 丑(축)을 찾으면 38번 신축시가 된다.

사주카드 활용법

1986년 음력 3월 25일 새벽 02시 여자의 사주는 다음과 같다.

시 주	일 주	월 주	년 주
辛丑(신축)	丁未(정미)	壬辰(임진)	丙寅(병인)

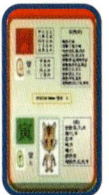
1. 사주의 년주에 해당하는 카드이다. 카드번호는 3번. "니사주 니가봐 "책의 60갑자중 3번 병인편을 보면 해설과 3번 카드 천간 지지에 대한 설명과 육친과 오행을 알 수 있다.

2. 사주의 월주에 해당하는 카드이다. 카드번호는 29번 "니사주 니가봐 "책의 60갑자중 29번 임진편을 보면 해설과 29번 카드 천간 지지에 대한 설명과 육친과 오행을 알 수 있다.

3. 사주의 일주에 해당하는 카드이다. 카드번호는 44번 "니사주 니가봐 "책의 60갑자중 44번 정미편을 보면 해설과 3번 카드 천간 지지에 대한 설명과 육친과 오행을 알 수 있다.

4. 사주의 시주에 해당하는 카드이다. 카드번호는 38번 "니사주 니가봐 "책의 60갑자중 38번 신축편을 보면 38번 카드 천간 지지에 대한 설명과 육친과 오행을 알 수 있다.

💟 1986년 음력 3월 25일 새벽 02시 여자의 사주는 다음과 같다.

시주:신축	일주:정미	월주:임진	년주:병인

오행(목:1 화:2 토:3 금:1 수:1)

신:金(금)	정:火(화)	임:水(수)	병:火(화)
편재	나	정관	겁재
	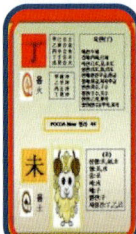		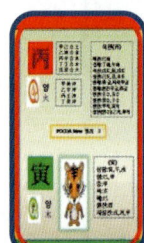
축:土(토)	미:土(토)	진:土(토)	인:木(목)
식신	식신	상관	정인
癸辛己	丁乙己	乙癸戊	戊丙甲

대 운 카 드

79	69	59	49	39	29	19	9
				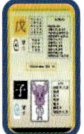			

대 운 카 드 보 는 법

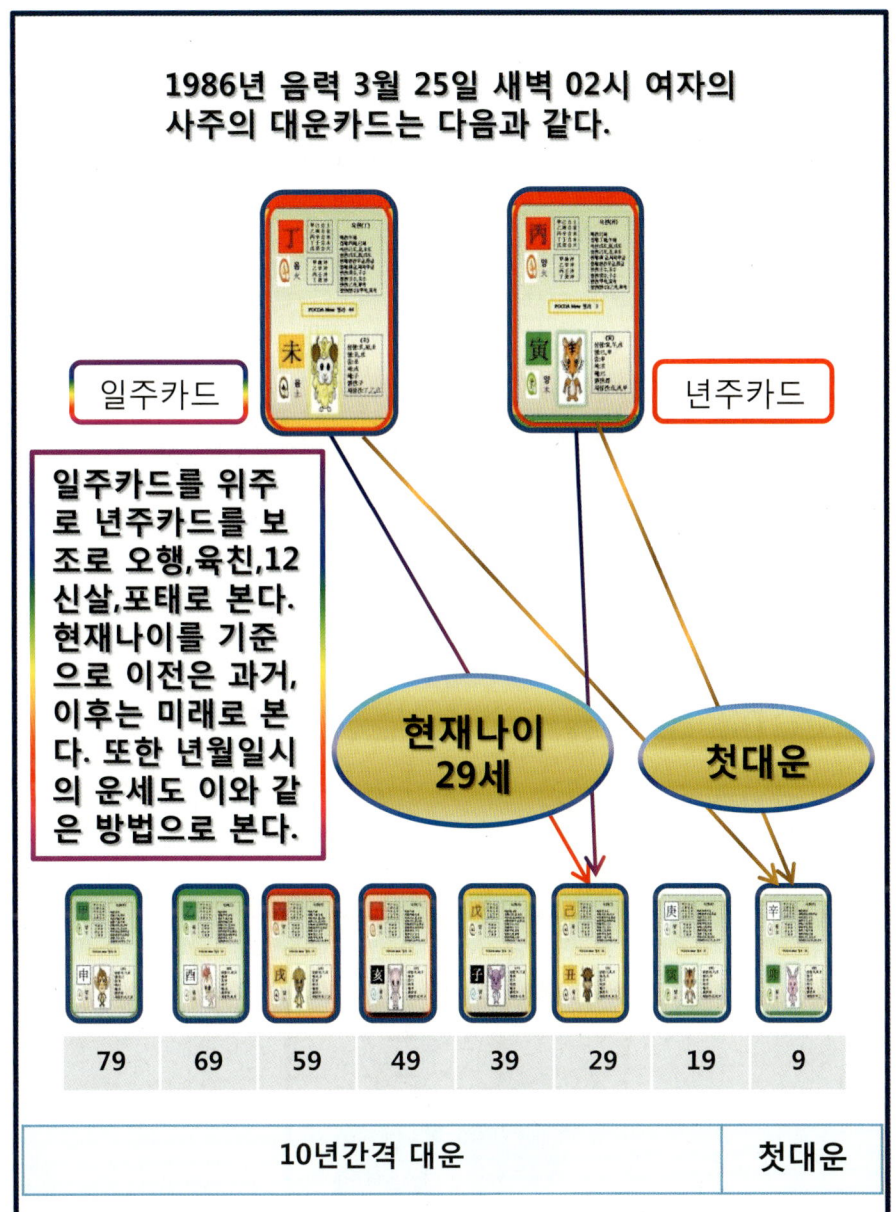

제 2 장

- ◆ 육친......17
- ◆ 육친의 의미.....18
- ◆ 육친표........19
- ◆ 육친을 찾는 법........20
- ◆ 천간 합........21
- ◆ 천간 충........22
- ◆ 지지삼합,형,파,해........23
- ◆ 니사주 니가봐 캐릭터 소개........24
- ◆ 지지충,원진........25
- ◆ 지장간표........26

육 친

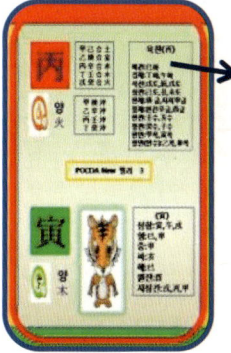

육친(丙)

비견:巳화
겁재:丁화,午화
식신:戊토,辰,戌토
상관:己토,丑,未토
편재:庚 금,지지申금
정재:천간辛금,酉금
편관:壬수,亥수
정관:癸수,子수
편인:甲목,寅목
정인(인수):乙목,卯목

천간 丙(병)에서 보는 육친

비견:일간과 오행이 동일하고
  음양이 동일한 천간,지지
겁재:일간과 오행이 동일하나
  음양이 다른 천간,지지
식신:일간이 생하게 하는 오행
  으로 음양이 같은 천간,지지
상관:일간이 생하는 오행으로
  음양이 다른 천간,지지
편재:일간이 극하는 오행으로
  음양이 같은 천간,지지
정재:일간이 극하는 오행으로
  음양이 다른 천간,지지
편관:일간을 극하는 오행으로
  음양이 동일한 천간,지지
정관:일간을 극하는 오행으로
  음양이 다른 천간,지지
편인:일간을 생하는 오행으로
  음양이 동일한 천간,지지
정인:일간을 생하는 오행으로,
  음양이 다른 천간,지지

예를 들어, 비견은 일간과 오행이 동일하고 음양이 또한 같은 것이다. 이카드의 일간인 丙(병)은 양화이다. 지지중에서 오행이 화이며, 양인것은 오화이다. 그런데 육친에서는 午(오)화와 巳(사)화가 음양이 바뀐다.
그래서 巳(사)화가 양화가 되어, 丙(병)의 비견은 巳(사) 화가 된다.

육친은 부모 형제, 배우자, 자녀, 양친(兩親)을 말한다. 사주에서 육친과 자신의 관계는 밀접한 관계이다. 육친과 관계가 친밀한 것은 총체적으로 길명이고, 그렇지 않는 것은 길하지 못하다.

육친의 의미

비견:사색을 즐기고 혼자 있기를 좋아한다. 자존심이 강하고 고집에 세다 남과의 다툼이 있을 수 있으니, 융통성 있게 타협하여 적을 만들지 마라. 혼자 있기를 좋아하고, 다른 사람과 교제하기를 싫어한다.
겁재:자기만족에 빠져 남을 우습게 볼 수도 있다. 행운을 바라고 투기를 좋아한다. 투자를 할때는 한번 더 생각하는 여유를 가져야 한다.
식신: 살아가는 데 필요한 모든 것이 풍부하고, 생활이 윤택하다. 성격은 명랑 쾌활하고 즐겁게 산다.
상관: 마음이 따뜻하고 예술적인 소질이 많다. 남의 의견을 존중하고 오해의 소지가 있으면 그때 그때 해결하라. 그래야 소송에 휘말리지 않는다.
편재: 성격이 가식이 없다. 기회를 잘 이용한다. 살림은 풍족하나 수입,지출의 반복이 심하다. 경제와 이성적인 복이 많으나 오히려 그것 때문에 좋지 않은 일이 있을 수 있으니 항상 조심해야 한다. 남녀 모두 객지에서 성공할 수 잇다.
정재:의견수렴을 잘하고 정의롭게 시비를 잘 가려낸다. 명예와 자산,신용이 따라 다닌다. 좋은 배우자를 맞이하고 백년해로 한다. 정재가너무 많으면 이성관계를 조심하여 구설수에 오르지 않도록 조심해야 한다
편관:부자가 많다. 남에게 지기를 싫어하고 성격이 급하고 강하다. 권력을 남용하지 말고 남과의 타협을 하면 좋다.모임의 대장이 되기도하고, 군장성이 될 수도 있다.
정관:행동이 단정하고 재주가 많아 윗사람의 신임을 얻는다. 재물을 정상적으로 모으며, 명예와 신용이 있으며, 베풀기를 좋아하고 생김이 단정하고 인격이 있으며, 순하고 정직하다. 정관이 너무 많으면 지출을 삼가야 하고 여자는 남자를 조심해야 한다.
편인:금전,권력이 약해지니 조심해야 한다. 건강도 조심하고 남녀 모두 이성을 조심해야 한다. 편인이 많으면 돌다리도 두들겨 보고 건너라는 말을 명심하고 일을 시작하면 끝맺음을 잘해야 하고, 마음을 넓게 가져야 모든 일이 잘된다.
인수(정인):총명하여 학문을 잘하는 것이 특징이다. 인수가 많으면 자기중심으로 일을 처리하여 주위의 비난을 사기도 하지만, 의리가 있고, 베풀기를 잘한다. 재산이 많고 후덕하며 건강하다.

육 친 표

구분	육 친 표	
비견	일간과 오행이 동일하고 음양이 동일한 천간,지지	남(男)☞형제,친구,조카 여(女)☞형제,친구,조카
겁재	일간과 오행이 동일하나 음양이 다른 천간,지지	남(男)☞형제,이복형제 여(女)☞형제,이복형제
식신	일간이 생하게 하는 오행으로 음양이 같은 천간,지지	남(男)☞장인,장모,조카,손자 여(女)☞자식,손자,친정조카
상관	일간이 생하게 하는 오행으로 음양이 다른 천간,지지	남(男)☞조모,외조모 여(女)☞자식
편재	일간이 극하는 오행으로 음양이 같은 천간,지지	남(男)☞아버지.처의 형제 여(女)☞아버지.시어머니,손자
정재	일간이 극하는 오행으로 음양이 다른 천간,지지	남(男)☞처,백부,백모 여(女)☞시어머니,백부,백모
편관	일간을 극하는 오행으로 음양이 동일한 천간,지지	남(男)☞자식,백모,조부,사촌형제 여(女)☞남편의 형
정관	일간을 극하는 오행으로 음양이 다른 천간,지지	남(男)☞자식,조카 여(女)☞남편,조모
편인	일간을 생하는 오행으로 음양이 동일한 천간,지지	남(男)☞계모,유모,어머니 형제 여(女)☞계모,유모,어머니 형제
정인	일간을 생하는 오행으로, 음양이 다른 천간,지지	남(男)☞어머니,장모,손자 여(女)☞어머니,사촌형제,손자

육친을 찾는 법

천간 : 甲(갑:양목) 乙(을:음목) 丙(병:양화) 丁(정:음화) 戊(무:양토)
己(기:음토) 庚(경:양금) 辛(신:음금) 壬(임:양수) 癸(계:음수)
지지 : 子(자:양수) 丑(축:음토) 寅(인:양목) 卯(묘:음목) 辰(진:양토) 巳(사:음화)
午(오:양화) 未(미:음토) 申(신:양금) 酉(유:음금) 戌(술:양토) 亥(해:음수)

예를 들어, 비견은 일간과 오행이 동일하고 음양이 또한 같은 것이다. 이 카드의 일간인 丙(병)은 양화이다. 지지중에서 오행이 화이며, 양인것은 오화이다. 그런데 육친에서는 午(오)화와 巳(사)화가 음양이 바뀐다. 그래서 巳(사)화가 양화가 되어, 丙(병) 의 비견은 巳(사) 화가 된다.

천간 丙(병)에서 보는 육친

비견:일간과 오행이 동일하고
   음양이 동일한 천간,지지
겁재:일간과 오행이 동일하나
   음양이 다른 천간,지지
식신:일간이 생하게 하는 오행
   으로 음양이 같은 천간,지지
상관:일간이 생하게 하는 오행
   으로 음양이 다른 천간,지지
편재:일간이 극하는 오행으로
   음양이 같은 천간,지지
정재:일간이 극하는 오행으로
   음양이 다른 천간,지지
편관:일간을 극하는 오행으로
   음양이 동일한 천간,지지
정관:일간을 극하는 오행으로
   음양이 다른 천간,지지
편인:일간을 생하는 오행으로
   음양이 동일한 천간,지지
정인:일간을 생하는 오행으로,
   음양이 다른 천간,지지

일간:丙(병)은 양火(화)이다.
비견:巳화(육친에서는 양화로 바뀐다.)
겁재:丁화(천간음화),午화(육친에서
   는 음화로 바뀐다.지지음화)
식신:화 生 토이면서 양인 토
   (천간戊양토,지지辰,戌양토)
상관:화 生 토이면서 음인 토
   (천간己음토,지지丑,未음토)
편재:화 剋 금이면서 양인 금
   (천간庚 금,지지申금)
정재:화 剋 금 이면서 음인 금
   (천간辛음금,지지酉음금)
편관:수 剋 화 이면서 양인 수
   (천간壬양수,지지亥양수)
정관:수 剋 화 이면서 음인 수
   (천간癸음수,지지子음수)
편인:목 生 화이면서 양인 목
   (천간甲양목,지지寅양목)
정인(인수):목 生 화이면서 음인 목
   (천간乙음목,지지卯음목)

육친에서는 지지 子(자)수와 亥(해)수가 음양이 바뀐다.

천간 합

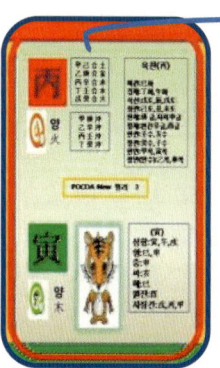

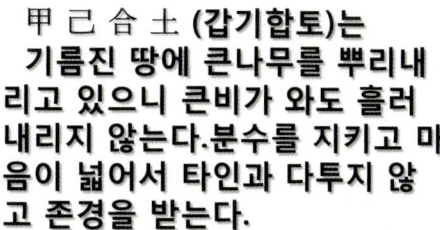

甲 己 合 土
乙 庚 合 金
丙 辛 合 水
丁 壬 合 木
戊 癸 合 火

甲己合土(갑기합토)는
기름진 땅에 큰나무를 뿌리내리고 있으니 큰비가 와도 흘러내리지 않는다. 분수를 지키고 마음이 넓어서 타인과 다투지 않고 존경을 받는다.

乙庚合金(을경합금)은
마른나무, 작은나무로 농기구나 금속제품에 자루로 쓸 수 있어서 좋다. 강직한 성품이 있고, 의리가 두텁다.

丙辛合水(병신합수)는
뜨거운 불로 제련되지 않은 금속을 보석으로 만들어준다. 위엄이 있으나, 비굴한 면이 있다.

丁壬合木(정임합목)는
차가운 물을 따뜻한 불로 온도를 올려준다. 감정에 흐르기 쉽고, 이성을 좋아한다.

戊癸合火(무계합화)는
모래나 자갈을 적은 물로 배합해서 건축자료로 쓸수 있게 한다. 용모는 아름다우나, 정이 없다.

천간 충

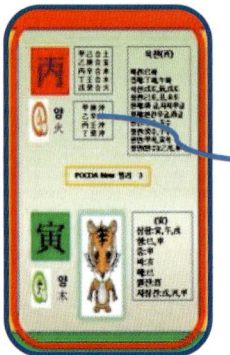

甲 庚 沖
乙 辛 沖
丙 壬 沖
丁 癸 沖

- 갑경충(甲庚沖)은 도끼가 나무를 베고
 을경충(乙庚沖)은 낫으로 풀을 베고
 병임충(丙壬沖)은 물로 불을 끄고
 정계충(丁癸沖)은 적은 물로 작은 불을 끈다.

- 갑경충의 통관오행은 수이고,
 을신충의 통관오행도 수이고,
 병임충의 통관오행은 목이고,
 정계충의 통관오행도 목이다.

- 통관오행은 부부싸움에 아이들이 화해를 시키는 것에 비유한다.

주의사항:사주카드 네장중에 한장만 찾아보고 결론을 내리지 말고 사주카드 네장을 다 찾아서 책에 나오는 해설을 종합해서 해석을 해야 한다.

지지삼합,형,파,해

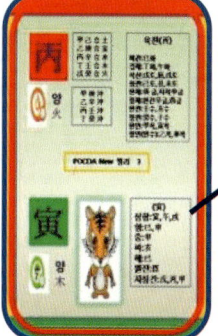

삼합:12지지중에 세개의 지지가 그 성정에 따라 화합 보조하여 결합한 것으로서 다만 틀리는 것은 결합하는 세 가지 지지가 융합하여 그중에서

중심되는 지지의 오행으로 삼합의 오행으로 한다.
 (신자진은 삽합하여 수국이된다.
  사유축은 삼합하여 금국이 된다.
  인오술은 삼합하여 화국이 된다.
  해묘미는 삼합하여 목국이 된다.)

형:1.지세지형은 자기 힘을 믿고 억지로 밀고 나가면
   일을 거르칠 수도 있다.
   (인-사,사-신,신-인)
  2.무은지형은 성질이 까다롭고 의리를 중요시
   하지 않는다.
   (축-술,술-미,미-축)
  3.무예지형은 성질이 냉정하고 따뜻한 기운이 없다.
   (자-묘,묘-자)
  4.자형은 독립심이 없고, 마무리를 잘 못한다..
   (진진,오-오,유-유,해-해)
   사주속에 형이 있을 경우에 운명의 판단 방법이나
   형 하나만의 운명에 작용한다. 다른 길성이 있으면
   형으로 인한 흉조는 모두 길조로 변할 수 있다.

파:월지나 일지에 파가 있으면, 처 덕이 없을 수도 있다.
   (자-유. 오-묘. 신-사. 인-해. 진-축. 술-미)

해:일과 시에 해가 있으면 말년에 잔병이 많을 수도
   있다. 월에 해가 있으면 고독할 수도 있다.
   (자-미. 축-오. 인-신. 묘진. 신-해. 유-술)

니 사주 니가 봐
캐릭터 소개

문영,갑민

오행이

子
(자)

丑
(소)

寅
(호랑이)

卯
(토끼)

辰
(용)

巳
(뱀)

午
(말)

未
(양)

申
(원숭이)

酉
(닭)

戌
(개)

亥
(돼지)

지지충, 원진

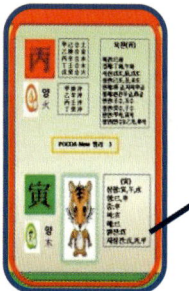

◆ 충 : 자-오의 충은 항상 불안한 마음이 생긴다.
　　축-미의 충은 일이 지체가 된다.
　　인-신의 충은 의외로 다정다감하다.
　　묘-유의 충은 친한 친구와 충돌이 있고 잔걱정이 많다.
　　진-술의 충은 외로울 수도 있다.
　　사-해의 충은 남의 일에 간섭하기를 좋아한다.

◆ 원진 : 쥐와 양은 원진살이다 왜?
　　　　쥐는 양의 배설물을 싫어하기 때문이다.
　　　　소와 말은 원진살이다. 왜?
　　　　소는 말의 게으름을 싫어한다.
　　　　호랑이와 닭은 원진살이다. 왜?
　　　　닭의 부리에서 터져나오는 소리를 싫어한다.
　　　　토끼와 원숭이는 원진살이다. 왜?
　　　　토끼의 눈과 원숭이의 궁둥이가 같은 붉은 색이기 때문이다.
　　　　용과 돼지는 원진살이다. 왜?
　　　　용은 돼지 얼굴의 코를 싫어한다.
　　　　뱀과 개는 원진살이다. 왜?
　　　　뱀은 개짓는 소리를 싫어한다.

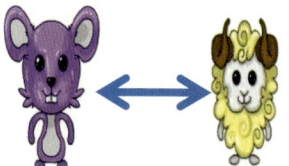

지장간표

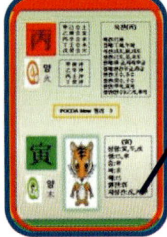

구분	여기	중기	정기
자	임10일1시간	계20일 2시간	계20일 2시간
축	계9일 3시간	신3일 1시간	기18일 6시간
인	무 7일 2시간	병7일 2시간	갑16일 5시간
묘	갑10일 3시간	을 20일 6시간	을 20일 6시간
진	을9일 3시간	계3일 1시간	무18일 6시간
사	무7일 2시간	경7일3시간	병16일 5시간
오	병10일	기10일1시간	정11일2시간
미	정9일 3시간	을3일1시간	경16일5시간
신	무7일 2시간	임7일2시간	경16일5시간
유	경10일3시간	신20일6시간	신20일6시간
술	신9일3시간	정3일1시간	무18일6시간
해	무7일2시간	갑7일1시간	임16일5시간

지장간은 일년12달의 각달을 여기,중기,정기로 나누어 천간을 구분합니다. 여기는 전달의 기운이 남아 있는 기간이며, 여기다음의 기간으로서, 중기의 지장간에 해당되는 기운이 시작됨을 의미합니다. 정기는 지지 글자의 본래의 기운으로 가장 강하며, 지지와 음양오행이 같다.

제 3 장

- ◆ 12지지의 유래..........28
- ◆ 포코아 New Day Up......29~34
- ◆ 음양오행 작명.....35

12지지의 유래

소머리위에 쥐가 앉은 사연은?

하루는 옥황상제가 일급비서 쥐를 불러, 12문의 수문장을 지상의 동물 중에 12마리를 선정해서 1년씩 돌아가면서 당직을 세우도록 했다. 옥황상제의 명을 받은 쥐는 12동물을 선정하고, 동물을 데리고 오면서 자기와 원수 지간인 고양이는 부르지 않고 11마리만 데리고 왔다. 오는 도중에 쥐는 제일 먼저 오는 소의 머리 위에 올라타고 오다가 옥황상제 앞에 일렬로 정렬했을 때, 소의 머리위에서 뛰어내려서 제일 첫번째로 섰다. 나머지는 순서대로 소,호랑이,토끼,용,뱀,말,양,원숭이,닭,개,돼지를 줄 세웠다. 그래서 오늘날까지도 쥐는 똑똑하고 총명하기로 유명하고, 고양이는 12동물에서 빼버린 쥐를 잡으려고, 지금도 쫓아 다니고 있다.

포코아 New Day Up

💗 나의 일주카드의 일간을 기준으로 한다. 나의 일간과 뽑은 카드 일지의 오행과 육친으로 본다.

일간

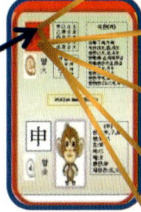

나의 일주카드

Ex> 첫번째 카드의 경우, 오행이 생하면 처음 의도대로 진행하고, 오행이 극하면, 할아버지,할머니에게 전화를 하고 조상에게 기도를 하고 일을 진행할때 통관오행에 맞는 옷이나 액세서리나 신발등을 갖추고 나가라.

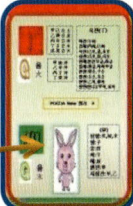

첫번째 뽑은 카드
조상,유산,산소이장
할아버지,할머니

두번째 뽑은 카드
이사,직장,집,학교,매매,
승진,시험
부모,형제,친구

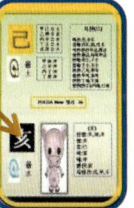

세번째 뽑은 카드
이득발생,두가지일이
한꺼번에 성취
배우자,애인,계약,결혼

네번째 뽑은 카드
사업,아랫사람,가게
아들,딸

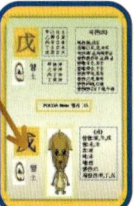

그날의 일주카드를
선택한다.

포코아 New Day Up
해설(첫번째카드)

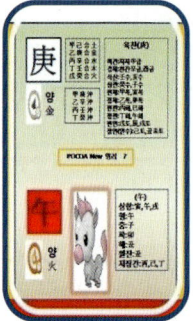

육친(丙)

비견:巳화
겁재:丁화,午화
식신:戊토,辰,戌토
상관:己토,丑,未토
편재:庚 금,지지申금
정재:천간辛금,酉금
편관:壬수,亥수
정관:癸수,子수
편인:甲목,寅목
정인(인수):乙목,卯목

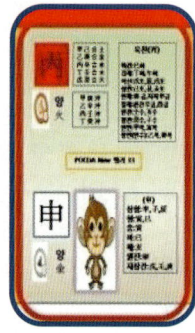

💗 첫번째 뽑은 카드 조상,유산,묏자리 산소이장,할아버지,할머니이다.

오행은 火 火

💗 나의 사주카드의 일간을 기준으로 한다. 나의 일간과 뽑은 카드 일지의 오행과 육친으로 본다.

💗 나의 사주카드의 일간 丙(병)에서 첫번째 카드의 지지 午(오)를 보면 ,겁재가 된다.

💗 육친은 겁재
남(男)☞형제, 이복형제
여(女)☞형제, 이복형제

💗 해설:할머니나 할아버지한테 전화나 문자나 카톡으로 의논을 하고 움직이거나 하고자 하는 일을 하면 좋다.

주의사항:전화할 곳이 전혀 없는 분은 가장 가까운 분에게 전화,문자,카톡을 하고 움직이거나 하고자 하는 일을 하면 좋다.

포코아 New Day Up
해설(두번째카드)

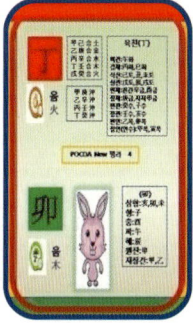

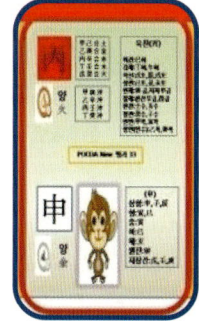

육친(丙)

비견:巳화
겁재:丁화,午화
식신:戊토,辰,戌토
상관:己토,丑,未토
편재:庚 금,지지申금
정재:천간辛금,酉금
편관:壬수,亥수
정관:癸수,子수
편인:甲목,寅목
정인(인수):乙목,卯목

💖 두번째 뽑은 카드
이사,직장,집,학교,
매매,승진,시험
부모,형제,친구

💖 나의 사주카드의
일간을 기준으로
한다. 나의 일간
과 뽑은 카드 일
지의 오행과 육친
으로 본다.

오행은 木生火

💖 나의 사주카드의
일간 병에서 두번째
카드의 지지 卯(묘)를
보면 ,정인이 된다.

💖 육친은 정인
남(男)☞어머
니,장모,손자
여(女)☞어머
니,사촌형제,
손자

💖 해설: 부모나 형제 친구에게 전화나 문자나 카톡으로
의논을 하고 움직이거나 하고자 하는 일을 하면
좋다.

주의사항:전화할 곳이 전혀 없는 분은 가장 가까운 분에게 전화,
문자,카톡을 하고 움직이거나 하고자 하는 일을 하면 좋다.

포코아 New Day Up
해설(세번째카드)

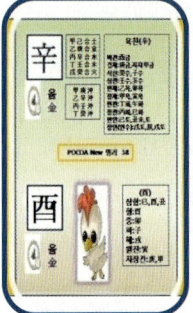

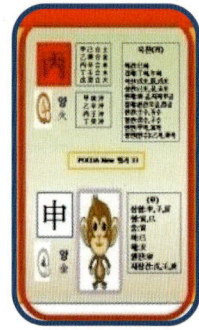

육친(丙)

비견:巳화
겁재:丁화,午화
식신:戊토,辰,戌토
상관:己토,丑,未토
편재:庚 금,지지申금
정재:천간辛금,酉금
편관:壬수,亥수
정관:癸수,子수
편인:甲목,寅목
정인(인수):乙목,卯목

💖 세번째뽑은 카드 이득발생,두가지 일이 한꺼번에 성취,배우자,애인, 계약,결혼.

💖 사주카드의 일간 丙(병)에서 세번째 카드의 지지 酉(유)를 보면 ,정재가 된다.

오행은 火剋金

💖 나의 사주카드의 일간을 기준으로 한다. 나의 일간과 뽑은 카드 일지의 오행과 육친으로 본다.

💖 육친은 정재☞남(男)☞처,백부,백모
여(女)☞시어머니,백부,백모

💖 해설:배우자나 애인에게 전화나 문자나 카톡으로 의논을 하고 움직이거나 하고자 하는 일을 하면 좋다. 오행은 화극금이므로, 통관오행인 토에 해당하는 금반지나 금목걸이를 하고 황색계통의 의상을 입어도 좋다.

주의사항:전화할 곳이 전혀 없는 분은 가장 가까운 분에게 전화,문자,카톡을 하고 움직이거나 하고자 하는 일을 하면 좋다.

포코아 New Day Up
해설(네번째카드)

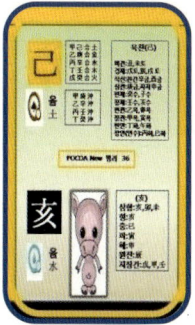

육친(丙)

비견:巳화
겁재:丁화,午화
식신:戊土,辰,戌土
상관:己土,丑,未土
편재:庚 금,지지申금
정재:천간辛금,酉금
편관:壬수,亥수
정관:癸수,子수
편인:甲목,寅목
정인(인수):乙목,卯목

💙 네번째 뽑은 카드 사업,아랫사람,가게 아들,딸

💙 나의 사주카드의 일간을 기준으로 한다. 나의 일간과 뽑은 카드 일지의 오행과 육친으로 본다.

오행은 水剋火

💙 나의 사주카드의 일간 丙(병)에서 네번째 카드의 지지 亥(해)를 보면 ,편관이 된다.

💙 육친은 편관☞남(男)☞자식,백모,조부,사촌형제
여(女)☞ 남편의형

해설:아들, 딸에게 전화나 문자 카톡으로 의논을 하고 움직이거나 하고자 하는 일을 하면 좋다.
오행은 수극화이므로, 통관오행인 목에 해당하는 초록색의 옷을 입고 액세서리를 하면 좋다.

주의사항:전화할 곳이 전혀 없는 분은 가장 가까운 분에게 전화, 문자,카톡을 하고 움직이거나 하고자 하는 일을 하면 좋다.

포코아 New Day Up
해설(다섯번째 카드)

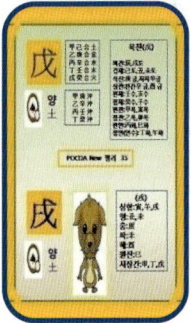 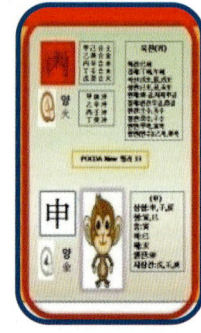

육친(丙)

비견:巳화
겁재:丁화,午화
식신:戊토,辰,戌토
상관:己토,丑,未토
편재:庚 금,지지申금
정재:천간辛금,酉금
편관:壬수,亥수
정관:癸수,子수
편인:甲목,寅목
정인(인수):乙목,卯목

♥ 그날의 일주카드

오행은 火生土

♥ 나의 사주카드의 일간을 기준으로 한다. 나의 일간과 뽑은 카드 일지의 오행과 육친으로 본다.

♥ 나의 사주카드의 일간 丙(병)에서 다섯 번째카드 지지 戌(술)를 보면, 식신이 된다.

♥ 육친은 식신☞남(男)☞ 장인,장모,조카,손자
여(女)☞자식,손자,친정조카

♥ 해설:가장 친한 사람한테 전화나 문자나 카톡으로 의논을 하고 움직이거나 하고자 하는 일을 하면 좋다.

주의사항:전화할 곳이 전혀 없는 분은 가장 가까운 분에게 전화,문자,카톡을 하고 움직이거나 하고자 하는 일을 하면 좋다.

음양오행 작명

💗 음양오행으로 이름 짓는 법을 소개한다. 우리의 얼이 살아 숨쉬는 한글이름이 최고일 것이다. 이름 마지막 자는 길게 울려 퍼지는 종소리처럼 울림이 있는 소리가 좋다고 한다. 다음의 도표는 우리 한글의 닿소리와 알파벳을 비교한 발음상의 동질성을 나타낸 것이다. 이 도표를 볼때 발음은 동일하나 글자가 서로 다른 것을 알 수 있으며, 어느 나라의 국어 발음이든 이 범주를 벗어나지 못한다는 것을 알려주고자 한다.💗

한글닿소리	알 파 벳	오 행
ㄱ ㅋ	C G K Q	목
ㄴ ㄷ ㄹ ㅌ	D L N R T	화
ㅇ ㅎ	A E H F I O U W X Y	토
ㅅ ㅈ ㅊ	C G J S X Z	금
ㅁ ㅂ ㅍ	B F M P V	수

제 4 장

앞의 번호는
60갑자 고유번호

1.갑자...38
2.을축...39
3.병인...40
4.정묘...41
5.무진...42
6.기사...43
7.경오...44
8.신미...45
9.임신...46
10.계유...47
11.갑술...48
12.을해...49
13.병자...50
14.정축...51
15무인...52
16.기묘...53
17.경진...54
18.신사...55
19.임오...56
20.계미...57
21.갑신...58
22.을유...59
23.병술...60
24.정해...61
25.무자...62
26.기축...63
27.경인...64
28신묘...65
29.임진...66
30.계사...67

제 4 장

앞의 번호는
60갑자 고유번호

31. 갑오...68
32. 을미...69
33. 병신...70
34. 정유...71
35. 무술...72
36. 기해...73
37. 경자...74
38. 신축...75
39. 임인...76
40. 계묘...77
41. 갑진...78
42. 을사...79
43. 병오...80
44. 정미...81
45. 무신...82
46. 기유...83
47. 경술...84
48. 신해...85
49. 임자...86
50. 계축...87
51. 갑인...88
52. 을묘...89
53. 병진...90
54. 정사...91
55. 무오...92
56. 기미...93
57. 경신...94
58. 신유...95
59. 임술...96
60. 계해...97

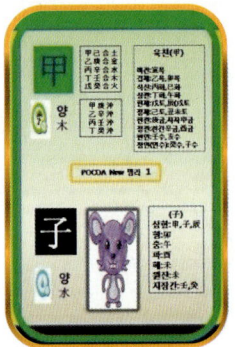

갑자☞푸른 쥐
　특징:영리하다. 처세를 잘한다. 인정이 많다.
　갑(甲)양(陽)목(木), 자(子)양(陽)수(水)
　육친으로 볼때는 음으로 바뀐다.)
오행☞수(水)생(生)목(木)
건강☞목은 간, 수는 신장
육친은 정인☞남(男)☞어머니,장모,손자
　　　　　여(女)☞어머니,사촌형제,손자
해설:보스 기질이 있어도 독재는 하지 않는다.
　　느긋하다. 실질 이익을 중요하게 생각한다.
　　자유분방. 승승장구.투철한 사상·종교의
　　믿음.

자(子)는 오행중에 수(水)에 비유한다. 고지의 정복을 목표로 삼으면서 끊임없이 노력하여 마음먹은 일은 끝까지 완성시킨다. 감각기능이 예민하여 순간적인 재치가 있고 논리적이다. 배우자, 즉 남편이나 처를 사랑하는 것보다 자식사랑이 더욱 깊다. 성품이 깔끔하고 사교적이므로 사업이 잘된다. 차분하고 쾌할한 기질이 친화성이 좋고 사교성이 뛰어나 친구가 많으므로, 사람을 불러들이는 업종이면 무엇이든지 크게 성공할 수 있다.

갑(甲)은 오행중에 목에 비유한다. 큰 나무나 고목나무에 비유한다. 갑은 양목이다. 양은 큰 것, 마른 것을 의미하므로, 마른 나무, 큰 나무라고 표현할 수 있다. 나무의 성장의지, 자라고자 하는 의욕을 의미하며 상징화시켜 목이라 표현한 것이다. 박학다식하고 노트정리를 잘한다. 자신에게 불리한 상황이 있어도 아쉬운 소리도 못하고 굽신거리지 못한다. 종교계의 우두머리로 이상은 높으나 현실 감각이 뒤쳐진다.

1. 갑 자

을축☞푸른 소
 특징: 자수성가한다. 마음이 넓고 베풀기를 좋아한다.
  을(乙)음(陰)목(木), 축(丑)음(陰)토(土)
오행☞목(木)극(剋)토(土)
건강☞목은 간, 토는 위
육친은 편재☞남(男)☞아버지.처의 형제
          여(女)☞아버지.시어머니,손자
해설:조용하게 자기 할 일만 한다. 보수적이다. 일을 성공시키는 행운. 적응력. 영적인 개발. 사회사업. 건전한사고. 일을 사랑함. 학문과 논리에 밝은 명석한 두뇌.

축(丑)은 오행중에 토에 비유한다. 천성이 유순하고 모질지 않으나, 우직스런 뚝심과 고집이 있어 다소 저항적이기도 하다. 자아의식이 강하고, 꾀를 부리지 않으면서도 학업에 열중하지 않고 곧잘 독단적인 행위를 취하기도 한다. 매사에 느리고 여유가 있다. 명예욕은 매우 강하나 여유를 부림으로 기회포착이 좀 늦어진다. 남에게 복종은 못한다. 명예욕이 강한 고로 성취가 없으면 매사에 불만이 많다. 경제는 보통이며 은둔생활을 좋아한다. 낭만적이고 성실하고 온순하다.

을(乙)은 오행중에 목에 비유한다. 풀, 넝쿨. 화분에 있는 나무에 비유한다. 아스팔트도 뚫고 나올 만큼 끈질기고 강한 생명력을 나타낸다. 갑양목이 흡수한 계음수의 수를 포함하며 을 자체는 나무가 물을 만난 것이라고 상징되므로 두려울 것이 없이 자라나는 것을 비유한다. 최후의 승리를 위하여 최선을 다해서 결과물을 얻어낼만큼 끈질긴 도전과 생명력을 가지고 있다. 베풀기를 좋아하기 때문에 나이가 들수록 남에게 인정과 존귀를 받는다.

2. 을 축

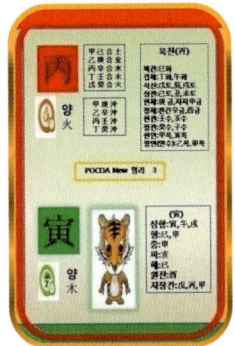

병인☞붉은 호랑이
 특징:관록을 얻는다.
     예의를 중요하게 생각한다.
 병(丙)양(陽)화(火), 인(寅)양(陽)목(木)
 오행☞ 목(木)생(生)화(火)
 건강☞화는 심장. 목은 간
 육친은 편인☞남(男)☞계모,유모,어머니 형제
            여(女)☞계모,유모,어머니 형제
해설:태양처럼 밝고 활달하다. 모든 사람들이 잘 알아보는 일을 한다. 튀는 성격이라 구설수에 오르 내린다. 슬기로움. 항상 움직인다. 일복을 타고났다.

인(寅)은 오행중에 목에 비유한다. 성격이 조급하고 경솔한 편이나 경계심이 높고 호탕한 기질이 낙천적이면서도 옳고 그름을 분명히 하고, 정의를 숭상하는 강직한 성품이다. 모든 일에 항상 호령하면서 리드하는 지휘자격이 되어 앞장선다. 권위있는 직업을 얻기 위해 뛰어난 용기와 야망을 성취하려는 독립심이 강하다. 세속적인 출세나 안정을 바라지 않고 방황하는 성품이다. . 어떤 일이든 마음 먹으면 끝까지 해내지만, 동상이몽을 잘한다.

병(丙)은 오행중에 화에 비유한다. 양화이므로 태양이나 큰 불에 비유한다, 타오르는 불이므로 위험을 뜻하기도 한다. 의리에 강하다. 일의 분석력도 뛰어나고, 성격은 화끈하고 뒤끝이 없다. 상대방을 파악 잘하고 순간대처 능력도 뛰어나고 예의범절도 중요시한다. 혼자 가슴앓이도 많이 한다. 열기가 솟구치는 것이니 호걸풍의 사람이 많고 소멸, 폐허, 전쟁, 공포, 병, 위험, 파괴 등을 나타낸다.

3. 병 인

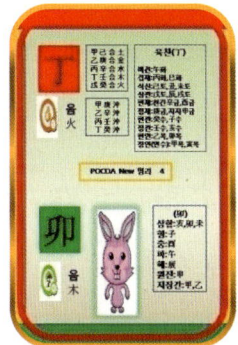

정묘☞붉은 토끼
　특징:총명하다. 명랑하다 활달하다.
　　　정(丁)음(陰)화(火),묘(卯)음(陰)목(木)
오행☞ 목(木)생(生)화(火)
건강☞목은 간, 화는 심장
육친은 편인☞남(男)☞계모,유모,어머니 형제
　　　　　　　여(女)☞계모,유모,어머니 형제
해설:상대방도 자기와 같은 마음으로 착각하여
　　　오해를 받는다. 계산을 어렵게 한다.
　　　구도자적 자세. 타임머신. 초연하다. 학
　　　문 경영 등에 탁월한 재주가 있다.

묘(卯)는 오행중에 목에 비유한다. 천성이 유순하고 인정이 있으며, 남다른 육감과 손재주를 지니고 있다. 논리적인 명확성을 갖추어 불분명한 것을 싫어한다.
눈이 맑고 수학적인 머리를 갖추고 있다. 부모덕을 못보나 자식을 끔찍하게 생각한다. 도전적이고 질서 정연한 이론을 전개하며 보통 사람들과 거리감을 조성하길 잘한다. 후회할 줄 몰라서 손해보는 경우가 많다. 비사교적이며 창작 예술적 감각과 재질이 풍부하다.

정(丁)은 오행중에 화에 비유한다. 음화이므로 작은 불에 비유한다. 정화는 작은불, 촛불을 나타낸다. 수리력과 탐구력, 상상력이 뛰어나고 신의도 잘 지킨다. 새로운 것에 관심도 많고, 의식 세계가 남보다 뛰어나다. 주의사람들에게 호기심이 많고, 미완성인 것을 의타심으로 메우려하니 영웅심이 강하고 인정이 많고 지배욕도 강한 반면 중상 모략에 잘 휘말리는 경향이 있다.

4. 정 묘

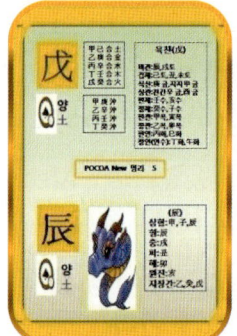

무진☞황용
 특징:글공부를 하면 관록을 먹는다. 중후하다. 안정감을 준다.
 무(戊)양(陽)토(土). 진(辰)양(陽)토(土)
오행☞ 木木 건강☞토는 위
육친은 비견☞남(男)☞형제,친구,조카,
           여(女)☞형제,친구,조카
해설:자신의 능력을 필요이상으로 높게 평가하여 감당하기 어려운 일 또는 약속을 하여 스스로 고생을 자처한다. 만인에게 덕행. 물질 다스리는 슬기로움. 성실하다

　　진(辰)은 오행중에 토에 비유한다. 성품이 유순하고 생각이 깊어서 모든 일에 잘 순응하고 왕성한 활동력이 자신을 영화롭게 잘 변신시킨다. 대외적이고 공상적이다. 신앙심이 두텁다. 현실에 집착하지 않으며 통이 크다. 주위사람들의 안목을 대수롭게 여기지 않는 행동을 잘한다. 실천적인 경향이 강하다. 냉정할때는 무자비할 정도로 냉정하다. 변덕이 심하고 타인을 얕잡아 보는 기질이 강하다. 처세술에 뛰어나고 감정이 풍부하다. 공상과 함께 예지력도 겸비하고 있다.

　　무(戊)는 오행중에 토에 비유한다. 양토이니 마른 흙, 넓은 땅, 토대, 큰 바위에 비유한다. 큰일을 좋아하며 통이 크다. 입은 무겁고 경쟁심이 강하다. 일할때는 상대파악을 잘하며, 참모역할을 잘한다. 한번 실패했다고 주저앉기 보다는 재도전을 해서 성공한다. 신의도 중요시하고 의식세계가 남보다 앞선다. 장래의 희망과 목적의식을 가지고 큰일을 도모한다.

5 . 무 진

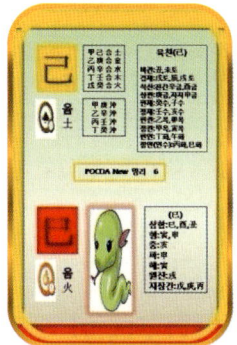

기사☞황사
　특징:물이 있는 곳에 살면 좋다. 외유내강.
　기(己)음(陰)토(土). 사(巳)음(陰)화(火)(육친으로 볼때는 양(陽)화(火)로 바뀜)
오행☞ 화(火)생(生)토(土).
건강☞ 토는 위, 화는 심장
육친은 정인:남(男)☞ 어머니,장모
　　　　 여(女)☞ 어머니. 손녀
해설:동정심이 많다. 고집과 주장이 강하다. 다른 사람과의 다툼이 있다. 양보하는 마음을 가져라. 건강. 순종하는 미덕. 인덕이 있다. 무한대의 실력. 베푸는 선행으로 주의의 칭찬을 받는다. 흙을 가꾸듯이 자신의 삶을 가꾸어라.

사(巳)는 오행중에 화에 비유한다. 인품이 단정하고 성정이 차분하면서 예민하다. 매사에 직선적이고 깔끔한 성격이며, 무엇이든 마음에 들면 끝까지 유종의 미를 거두는 투철한 기질이 있다. 숨은 재주가 많고 두뇌가 명석하다. 사람을 사귀면 이별을 잘하고 방황하는 성격이다. 유혹도 천부적으로 타고 났으며 허영심이 많다. 매사에 명석한 두뇌와 꾸준한 인내로 끝까지 매듭짓는다. 지적인 것과 헌신적인 면이 있으니 이것을 적절히 잘 개발하여 성공한다. 공격성이 발동하면 물불을 가리지 않는다.

기(己)는 오행중에 토에 비유한다. 음은 알맞은 상태의 젖은 흙, 늪, 비옥한 땅을 의미한다. 호언장담을 잘하기도 하지만, 속이 깊어서 내색을 잘 하지 않고 번뜩이는 지혜가 뛰어나다. 젖은 흙속에 무언가를 감추어 둔 듯, 마음속에 간직한 비밀이 많다. 안정적인 직업이 최고이다. 생명을 꽃피울 수 있기에 그 비옥한 땅을 메꿔 꽃피울 것을 찾아 헤매게 된다.

6. 기 사

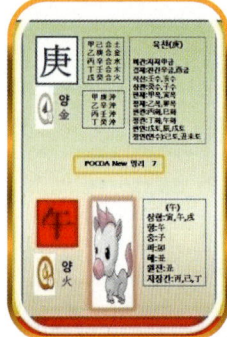

경오☞백말
　특징: 인정이 많다. 미끈하다. 쌀쌀맞다.
　경(庚)양(陽)금(金). 오(午)양(陽)화(火) (육친으로 볼때는 음으로 바뀐다.)
오행☞ 화(火)극(剋)금(金)
건강☞ 금은 폐, 화는 심장
육친은 정관☞ 남(男)☞자식,조카
　　　　　　여(女)☞남편,조모
해설:단순하다. 고상한 취미가 있다. 한곳에 안 주하지 못한다. 기분의 기복이 심하 다. 끊임없이 연구. 쓰임새를 잘하자 .상서롭다. 꽃을 피운다. 경거망동 하지마 라. 해로움 보다 이로움을 도모하자. 움직여라, 걸어라, 뛰어라

오(午)는 오행중에 화에 비유한다. 천성이 인자하고 활달하여 대인관계가 원만하며 친구도 많다. 타고난 재복이 풍성하고 이름도 널리 떨칠 수 있다. 자연 순리 법칙에 가장 잘 순응한다. 대인관계는 이상형을 추구한 나머지 외톨이가 되기 쉽다. 음식은 골고루 섭취하여야 하고, 예지력은 상상을 초월한다. 싫어짐은 버리고 좋아짐은 키워 큰일을 성취시킨다. 정보수집에 뛰어나고 궤변에 능통하다. 적과의 동침도 잘한다.

경(庚)은 오행중에 금에 비유한다. 양금이니 마른 돌과 딱딱한 바위나 무쇠덩어리를 비유한다. 마음속에는 남모르는 걱정도 많고 근심도 많지만, 부정한 일을 못참고 입바른 말을 잘하고, 의리도 잘 지킨다. 어떤 일이든 마음에 안들면 절대 쳐다도 보지 않지만 한번 시작하면 마무리도 잘한다. 때로는 말도 안되는 잡다한 욕심을 부리기도 한다.

7. 경 오

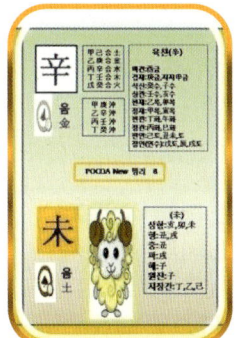

신미☞백양
 특징: 음식맛을 잘보고 요리를 잘한다.
    의리에 강하다.
    신(辛)음(陰)금(金). 미(未)음(陰)토(土)
오행☞ 토(土)생(生)금(金)
건강☞ 금은 폐, 토는 위
육친은 편인   남(男)☞계모,유모,어머니 형제
             여(女)☞계모,유모,어머니 형제

해설:조용하고 부끄러움이 많다. 고집이 완고하다. 성격의 변화가 심하다. 도인의 경지에 오른다. 최후의 승자다. 현실에 신중하고 최선을 다하라.

미(未)는 오행중에 토에 비유한다. 학구적인 사색을 간섭 받기를 싫어한다. 고요한 성품이 어질고 유순은 하나 내성적인 고집과 우김성이 있고 자존심이 강하여 승부 걸기를 좋아하고, 음식 맛도 잘 보고 음식도 잘한다. 음식에 기호품이 있어 까다롭다. 어떤 일을 시작해도 꾸준하고 꼼꼼하다. 편안함을 추구하며 멋을 부리지 않는다. 마음이 너그럽고 욕심을 부리지 않는다. 직업은 학문 분야에 연구하는 교직자가 적합하다.

신(辛)은 오행중에 금에 비유한다. 음금이니 보석을 .비유한다. 결벽증이 있어서 사람도 선별해서 사귀고 자만심이 강하다. 남의 단점을 잘 알고 훤히 들여다보고 대처를 잘한다. 작은 선물에도 마음을 열고 좋아한다. 땅속의 바위이니, 물을 만나 시간속에 굳어진 광물이 보석이 되는 것처럼 새로움을 추구한다.

8. 신 미

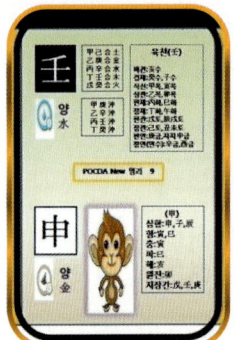

임신☞검은 원숭이
　특징: 재주가 많다. 마음이 넓다. 똑똑하다.
　　임(壬)양(陽)수(水).신(申)양(陽)금(金)
오행☞금(金)생(生)수(水)
건강☞수는 신장, 금은 폐
육친은 편인☞남(男)☞계모,유모,어머니 형제
　　　　　　　여(女)☞계모,유모,어머니 형제
해설:끊임없이 움직인다. 일을 해 나가는 능력
　　　을 타고났다. 자기주장이 강하다. 분위 기
　　　에는 아주 약하다. 우주만물의 생태계를
　　　변형시키는 생명의 원천.꼭 필요한 사람
　　　이다.

　　신(申)은 오행중에 금에 비유한다. 천성이 착하고 쾌활하다. 단체성과 사교성이 뛰어나지만, 혼자 있기를 좋아한다. 두뇌도 명석하고 재능도 뛰어나며, 자존심은 강하고 욕심이 많다. 자신의 우월감에 사로잡혀 사람들과 사귀어도 깊은 정을 주지 않는 편이다. 숫자에 밝아 과학, 공학등의 계통에 적합하다. 12가지 재주가 있어 무엇이든지 못하는 게 없다. . 재주가 많아서 한곳에 정착을 못하는 경향이 있다.

　　임(壬)은 오행중에 수에 비유한다. 양수이니 큰바다, 태평양, 인도양, 대서양을 비유한다. 속마음을 겉으로 드러내지 않는 깊은 마음을 가졌지만, 겉으로는 마음이 넓고 대범하다. 흐르는 물이므로 변동을 잘 하고 화술, 권모술수에 능하고 임기응변에도 뛰어나다. 실천력이 약하지만, 움직여야 좋다.

9. 임 신

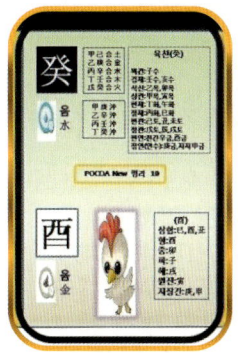

계유☞검은 닭
　　특징:성품이 후덕하다. 성격이 깔끔하다.
　　계(癸)음(陰)수(水). 유(酉)음(陰)금(金)
오행☞금(金)생(生)수(水).
건강☞수는 신장, 금은 폐
육친은 편인☞남(男)☞계모,유모,어머니 형제
　　　　　　　여(女)☞계모,유모,어머니 형제
해설:총명하다.어려운 일이 있으면 곧 새로운 돌
　　파구를 찾아낸다.고집이세다. 쾌활하고 화
　　사한 얼굴. 죽어있는 물도 살리는 힘. 깨우
　　침이 빠르다.

유(酉)는 오행중에 금에 비유한다. 꿈이 잘 맞으며 예지력이 뛰어나므로 앞일을 잘 맞춘다. 인정이 많으며 조상이 돌봐준다고 한다. 성격이 강직하고 명예를 중히 여기며 범사에 호기심은 많다. 수시로 변천하는 사회에 적시 대응하는 처세가 원만하고 자기 이 속을 깍듯이 챙기면서 끝까지 밀고 나가려는 그 추진력과 투지가 좋다. 뜻은 높고 욕심이 적고 남과 사귀는 것에 예의를 갖춘다. 성품이 후덕하고 충직하며 덕망이 있다.

계(癸)는 오행중에 수에 비유한다. 음수이니 작은물, 안개, 우물물을 비유한다. 크게 되고 싶은 욕심을 버리고 안정되게 움직여야 한다. 알맞게 고여 있는 물이므로, 주위를 평화롭게 해준다. 잠재능력이 뛰어나긴 하지만, 자기 꾀에 자기가 넘어갈 수 있으니 조심해야 한다. 공직에 인연이 있다. 항상 바쁘고 분주하다. 직업을 여러 개 가질 수도 있다.

10 . 계 유

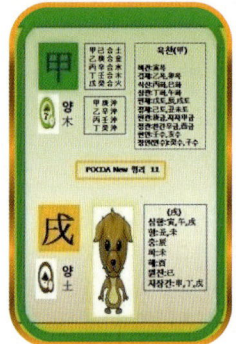

갑술☞푸른 개
 특징: 성품이 따뜻하고 듬직하다. 인정도 있다.
   갑(甲)양(陽)목(木). 술(戌)양(陽)토(土)
오행☞목(木)극(剋)토(土)
건강☞목은 간, 토는 위
육친은 편재☞남(男)☞아버지.처의 형제
      여(女)☞아버지.시어머니,손자
해설:합리적이다. 현실적이다. 원만한 대인관계로 남과 다툼이 없다. 승승장구.투철한 사상,종교의 믿음,일을 성공시키는 행운,적응력. 건전한사고. 일을 사랑함. 학문과 논리에 밝은 명석한 두뇌.

술(戌)은 오행중에 토에 비유한다. 심성은 착하고 정직하며 의리를 중히 여긴다. 재능과 예술 감각이 뛰어나다. 예술방면으로 진출을 해도 능히 대성 발전할 수 있는 역량과 소질을 가지고 있다. 개발 개척 정신이 강하다. 독립, 자립심이 강하며 자수성가의 타입이다. 잔인할 적엔 무척 잔인하다. 말싸움은 타의 추종을 불허하고 음량이 풍부하므로 목소리를 사용하는 직업이 적합하다. 남성은 궤변에 능통하고 여성은 학술적인 언어학에 적격이다.

갑(甲)은 오행중에 목에 비유한다. 큰 나무나 고목나무에 비유한다. 갑은 양목이다. 양은 큰 것, 마른 것을 의미하므로, 마른 나무, 큰 나무라고 표현할 수 있다. 나무의 성장의지, 자라고자 하는 의욕을 의미하며 상징화시켜 목이라 표현한 것이다. 박학다식하고 노트정리를 잘한다. 자신에게 불리한 상황이 있어도 아쉬운 소리도 못하고 굽신거리지 못한다. 종교계의 우두머리로 이상은 높으나 현실 감각이 뒤쳐진다.

11 . 갑 술

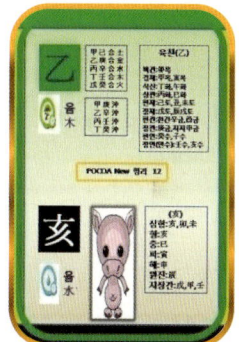

을해☞푸른 돼지
 특징:뜻이 넓어 생각이 넘친다. 새로운 일을 좋아한다.
  을(乙)음(陰)목(木).해(亥)음(陰)수(水)(육친으로 볼때는 양으로 바뀐다.)
 오행☞수(水)생(生)목(木)
 건강☞ 목은 간, 수는 신장
 육친은 정인☞남(男)☞어머니,장모,손자
        여(女)☞어머니,사촌형제,손자
 해설:일을 신중하게 한다. 심사숙고 하다가 기회를 무산시킨다. 잡다한 걱정이 많다. 건전한사고. 일을 사랑함. 학문과 논리에 밝은 명석한 두뇌 .실질 이익을 중요하게 생각한다. 자유분방, 확고한 신념의 소유자. 종교의 믿음.

해(亥)는 오행중에 수에 비유한다. 성격이 온유하고 신의를 중히 여기며, 거짓이 없고 주관이 뚜렷하다. 강인한 집념과 왕성한 추진력이 있다. 남의 의견을 무시하고 자신의 고집을 앞세우는 경향이 있기 때문에, IT 산업의 선두주자중에 돼지(亥)가 년월일시에 있는 사람이 많다. 독립정신이 강해서 독창적인 아이디어를 짜내어 새로운 것을 만드는 일을 하는 것을 잘해낸다. 열두가지 복과 열두가지 재주가 있어 다재다능하다. 즉흥적인 것을 잘하여 주위의 주목을 받는다.

을(乙)은 오행중에 목에 비유한다. 풀, 넝쿨. 화분에 있는 나무에 비유한다. 아스팔트도 뚫고 나올 만큼 끈질기고 강한 생명력을 나타낸다. 갑양목이 흡수한 계음수의 수를 포함하며 을 자체는 나무가 물을 만난 것이라고 상징되므로 두려울 것이 없이 자라나는 것을 비유한다. 최후의 승리를 위하여 최선을 다해서 결과물을 얻어낼만큼 끈질긴 도전과 생명력을 가지고 있다. 베풀기를 좋아하기 때문에 나이가 들수록 남에게 인정과 존귀를 받는다.

12 . 을 해

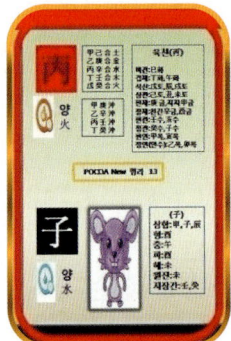

병자☞붉은 쥐
 특징:예의가 반듯하다. 양심이 곧다.
 병(丙)양(陽)화(火). 자(子)양(陽)수(水)(육친
  으로 볼때는 음(陰)화(火)로 바뀜)
오행☞수(水)극(剋)화(火)
건강☞화는 심장, 수는 신장.
육친은 정관☞남(男)☞자식,조카
      여(女)☞남편,조모
해설:일복이 타고 나서 항상 움직여야 하며,
   인덕이 많고 슬기롭다. 항상 새로운 일
   에 도전하는 성격이라 구설수에 오르 내
   릴 수 있다.

자(子)는 오행중에 수(水)에 비유한다. 고지의 정복을 목표로 삼으면서 끊임없이 노력하여 마음먹은 일은 끝까지 완성시킨다. 감각기능이 예민하여 순간적인 재치가 있고 논리적이다. 배우자, 즉 남편이나 처를 사랑하는 것보다 자식사랑이 더욱 깊다. 성품이 깔끔하고 사교적이므로 사업이 잘된다. 차분하고 쾌할한 기질이 친화성이 좋고 사교성이 뛰어나 친구가 많으므로, 사람을 불러들이는 업종이면 무엇이든지 크게 성공할 수 있다.

병(丙)은 오행중에 화에 비유한다. 양화이므로 태양이나 큰 불에 비유한다, 타오르는 불이므로 위험을 뜻하기도 한다. 의리에 강하다. 일의 분석력도 뛰어나고, 성격은 화끈하고 뒤끝이 없다. 상대방을 파악 잘하고 순간대처 능력도 뛰어나고 예의범절도 중요시한다. 혼자 가슴앓이도 많이 한다. 열기가 솟구치는 것이니 호걸풍의 사람이 많고 소멸, 폐허, 전쟁, 공포, 병, 위험, 파괴 등을 나타낸다.

13 . 병 자

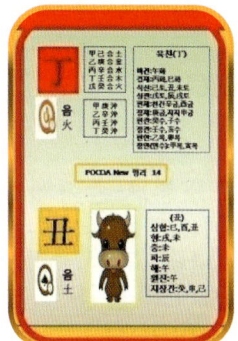

정축☞붉은 소
 특징: 정중하다, 은밀하다.
 정(丁)음(陰)화(火). 축(丑)음(陰)토(土)
오행☞화(火)생(生)토(土)
건강☞화는 심장, 토는 위
육친은 식신☞남(男)☞장인,장모,조카,손자
         여(女)☞자식,손자,친정조카
해설: 표현력이 풍부하다. 장소 불문하고 사람들에게 인기가 많다. 낭비를 안 한다. 꿋꿋한 기질. 학문 경영 등에 탁월한 재주. 계산에는 약하다. 구도자적 자세다.

축(丑)은 오행중에 토에 비유한다. 천성이 유순하고 모질지 않으나, 우직스런 뚝심과 고집이 있어 다소 저항적이기도 하다. 자아의식이 강하고, 꾀를 부리지 않으면서도 학업에 열중하지 않고 곧잘 독단적인 행위를 취하기도 한다. 매사에 느리고 여유가 있다. 명예욕은 매우 강하나 여유를 부림으로 기회포착이 좀 늦어진다. 남에게 복종은 못한다. 명예욕이 강한 고로 성취가 없으면 매사에 불만이 많다. 경제는 보통이며 은둔생활을 좋아한다. 낭만적이고 성실하고 온순하다.

정(丁)은 오행중에 화에 비유한다. 음화이므로 작은 불에 비유한다. 정화는 작은불, 촛불을 나타낸다. 수리력과 탐구력, 상상력이 뛰어나고 신의도 잘 지킨다. 새로운 것에 관심도 많고, 의식 세계가 남보다 뛰어나다. 주의사람들에게 호기심이 많고, 미완성인 것을 의타심으로 메우려하니 영웅심이 강하고 인정이 많고 지배욕도 강한 반면 중상 모략에 잘 휘말리는 경향이 있다.

14 . 정 축

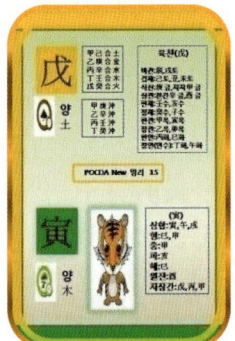

무인☞황 호랑이
 특징:마음이 넓다. 성실하다.
  무(戊)양(陽)토(土).인(寅)양(陽)목(木)
오행☞목(木)극(剋)토(土)
건강☞토는 위, 목은 간
육친은 편관☞남(男)☞자식,백모,조부,사촌형제
            여(女)☞ 남편의 형
해설:낙천적이다. 판단력이 뛰어나다. 마지막에 두각을 나타낸다. 자신의 능력을 필요 이상으로 높게 평가하여 감당하기 어려운 것을 약속하고 고생한다. 덕행한다

인(寅)은 오행중에 목에 비유한다. 성격이 조급하고 경솔한 편이나 경계심이 높고 호탕한 기질이 낙천적이면서도 옳고 그름을 분명히 하고, 정의를 숭상하는 강직한 성품이다. 모든 일에 항상 호령하면서 리드하는 지휘자격이 되어 앞장선다. 권위있는 직업을 얻기 위해 뛰어난 용기와 야망을 성취하려는 독립심이 강하다. 세속적인 출세나 안정을 바라지 않고 방황하는 성품이다. . 어떤 일이든 마음 먹으면 끝까지 해내지만, 동상이몽을 잘한다.

무(戊)는 오행중에 토에 비유한다. 양토이니 마른 흙, 넓은 땅, 토대, 큰 바위에 비유한다. 큰일을 좋아하며 통이 크다. 입은 무겁고 경쟁심이 강하다. 일할때는 상대파악을 잘하며, 참모역할을 잘한다. 한번 실패했다고 주저앉기 보다는 재도전을 해서 성공한다. 신의도 중요시하고 의식세계가 남보다 앞선다. 장래의 희망과 목적의식을 가지고 큰일을 도모한다.

15 . 무 인

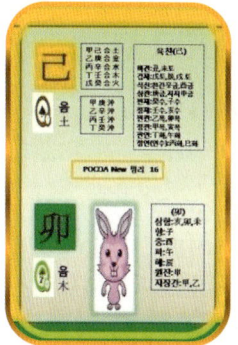

기묘☞ 노란 토끼
 특징:토속적이다. 인정이 많다.
　　　기(己)음(陰)토(土)묘(卯)음(陰)목(木)
오행☞ 목(木)극(剋)토(土)
건강☞ 토는 위, 목은 간
육친은 편관☞ 남(男)☞ 자식,백모,조부,사촌형제
　　　　　　 여(女)☞ 남편의 형
해설: 재주와 수완이 매우 좋다. 끝맺음을 소
　　　홀히 한다. 끈기만 있으면 큰 일을 할 수
　　　가 있다. 총명하다. 매사에 신중해야 한다.

　　묘(卯)는 오행중에 목에 비유한다. 천성이 유순하고 인정
이 있으며, 남다른 육감과 손재주를 지니고 있다. 논리적
인 명확성을 갖추어 불분명한 것을 싫어한다.
　눈이 맑고 수학적인 머리를 갖추고 있다. 부모덕을 못보나
자식을 끔찍하게 생각한다. 도전적이고 질서 정연한 이론
을 전개하며 보통 사람들과 거리감을 조성하길 잘한다. 후
회할 줄 몰라서 손해보는 경우가 많다. 비사교적이며 창작
예술적 감각과 재질이 풍부하다.

　　기(己)는 오행중에 토에 비유한다. 음은 알맞은 상태의 젖은
흙, 늪, 비옥한 땅을 의미한다. 호언장담을 잘하기도 하지만,
속이 깊어서 내색을 잘 하지 않고 번뜩이는 지혜가 뛰어나다.
젖은 흙속에 무언가를 감추어 둔 듯, 마음속에 간직한 비밀이
많다. 안정적인 직업이 최고이다. 생명을 꽃피울 수 있기에
그 비옥한 땅을 메꿔 꽃피울 것을 찾아 헤매게 된다.

16. 기 묘

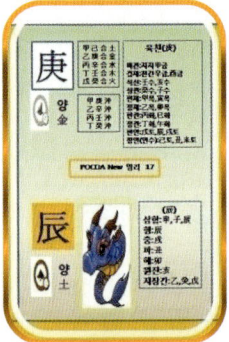

경진☞백룡
 특징:의리가 매우 강하다.
  경(庚)양(陽)금(金), 진(辰)양(陽)토(土)
오행☞토(土)생(生)금(金)
건강☞금은 폐, 토는 위
육친은 편인☞남(男)☞계모,유모,어머니 형제
           여(女)☞계모,유모,어머니 형제
해설: 대담하다. 추진력이 있고 자신감이 세다. 현실적이다. 분위기 조절을 잘 하면 성공한다. 조화가 무궁무진하다. 총명하고 영특한 재주가 있다.

진(辰)은 오행중에 토에 비유한다. 성품이 유순하고 생각이 깊어서 모든 일에 잘 순응하고 왕성한 활동력이 자신을 영화롭게 잘 변신시킨다. 대외적이고 공상적이다. 신앙심이 두텁다. 현실에 집착하지 않으며 통이 크다. 주위사람들의 안목을 대수롭게 여기지 않는 행동을 잘한다. 실천적인 경향이 강하다. 냉정할때는 무자비할 정도로 냉정하다. 변덕이 심하고 타인을 얕잡아 보는 기질이 강하다. 처세술에 뛰어나고 감정이 풍부하다. 공상과 함께 예지력도 겸비하고 있다.

경(庚)은 오행중에 금에 비유한다. 양금이니 마른 돌과 딱딱한 바위나 무쇠덩어리를 비유한다. 마음속에는 남모르는 걱정도 많고 근심도 많지만, 부정한 일을 못참고 입바른 말을 잘하고, 의리도 잘 지킨다. 어떤 일이든 마음에 안들면 절대 쳐다도 보지 않지만 한번 시작하면 마무리도 잘한다. 때로는 말도 안되는 잡다한 욕심을 부리기도 한다.

17 . 경 진

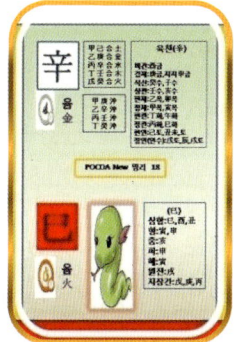

신사☞백사
 특징:겉은 너그롭고 마음은 깊다.
신(辛)음(陰)금(金)사(巳)음(陰)화(火)(육친으로 볼때는 양으로 바뀐다.)
오행☞ 화(火)극(剋)금(金)
건강☞ 금은 폐, 화는 심장
육친은 정관☞남(男)☞자식,조카
           여(女)☞남편,조모
해설:영감이 뛰어나다. 변화가 심하다. 돋보이는 언행을 한다. 은근히 최고만을 고집한다. 남의 일에 간섭을 하지 마라. 재물이 길 위에 있으니 상업이 좋다.

사(巳)는 오행중에 화에 비유한다. 인품이 단정하고 성정이 차분하면서 예민하다. 매사에 직선적이고 깔끔한 성격이며, 무엇이든 마음에 들면 끝까지 유종의 미를 거두는 투철한 기질이 있다. 숨은 재주가 많고 두뇌가 명석하다. 사람을 사귀면 이별을 잘하고 방황하는 성격이다. 유혹도 천부적으로 타고 났으며 허영심이 많다. 매사에 명석한 두뇌와 꾸준한 인내로 끝까지 매듭짓는다. 지적인 것과 헌신적인 면이 있으니 이것을 적절히 잘 개발하여 성공한다. 공격성이 발동하면 물불을 가리지 않는다.

신(辛)은 오행중에 금에 비유한다. 음금이니 보석을 .비유한다. 결벽증이 있어서 사람도 선별해서 사귀고 자만심이 강하다. 남의 단점을 잘 알고 훤히 들여다보고 대처를 잘한다. 작은 선물에도 마음을 열고 좋아한다. 땅속의 바위이니, 물을 만나 시간속에 굳어진 광물이 보석이 되는 것처럼 새로움을 추구한다.

18 . 신 사

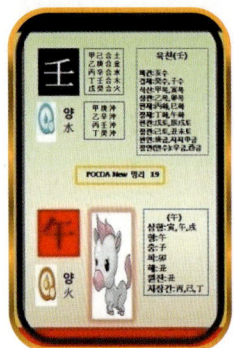

임오☞검은 말
 특징:선하다.따뜻하다.
임(壬)양(陽)수(水), 오(午)양(陽)화(火)(육친으로 볼때는 음으로 바뀐다.)
오행☞수(水)극(剋)화(火)
건강☞수는 신장, 화는 심장
육친은 정재☞남(男)☞처,백부,백모
           여(女)☞시어머니,백부,백모
해설:박학다식하다. 영감이 좋다. 온순하고 영민하다. 이합집산이 많다. 타향이나 타국에 둥지를 틀면 좋다. 성격이 불같으나 그때 뿐이다.벼슬을 하거나 장사를 하면 좋다

오(午)는 오행중에 화에 비유한다. 천성이 인자하고 활달하여 대인관계가 원만하며 친구도 많다. 타고난 재복이 풍성하고 이름도 널리 떨칠 수 있다. 자연 순리 법칙에 가장 잘 순응한다. 대인관계는 이상형을 추구한 나머지 외톨이가 되기 쉽다. 음식은 골고루 섭취하여야 하고, 예지력은 상상을 초월한다. 싫어짐은 버리고 좋아짐은 키워 큰일을 성취시킨다. 정보수집에 뛰어나고 궤변에 능통하다. 적과의 동침도 잘한다.

임(壬)은 오행중에 수에 비유한다. 양수이니 큰바다, 태평양, 인도양, 대서양을 비유한다. 속마음을 겉으로 드러내지 않는 깊은 마음을 가졌지만, 겉으로는 마음이 넓고 대범하다. 흐르는 물이므로 변동을 잘 하고 화술, 권모술수에 능하고 임기응변에도 뛰어나다. 실천력이 약하지만, 움직여야 좋다.

19 . 임 오

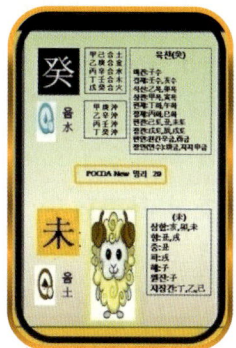

계미☞검은 양
 특징:평범하고 편안하게 산다.
  계(癸)음(陰)수(水), 미(未)음(陰)토(土)
오행☞토(土)극(剋)수(水)
건강☞토는 위, 수는 신장
육친은 편관☞남(男)☞자식,백모,조부,
     사촌형제
      여(女)☞남편의 형
해설:겉으로는 차분하다. 인간성은 유연하다.
   속은 불같은 정열이 있다. 직업은 기획분
   야에 소질이 있다. 듬직하게 행동해야 한
   다. 재간이 좋아 재물을 모은다.

미(未)는 오행중에 토에 비유한다. 학구적인 사색을 간섭 받기를 싫어한다. 고요한 성품이 어질고 유순은 하나 내성적인 고집과 우김성이 있고 자존심이 강하여 승부 걸기를 좋아하고, 음식 맛도 잘 보고 음식도 잘한다. 음식에 기호품이 있어 까다롭다. 어떤 일을 시작해도 꾸준하고 꼼꼼하다. 편안함을 추구하며 멋을 부리지 않는다. 마음이 너그럽고 욕심을 부리지 않는다. 직업은 학문 분야에 연구하는 교직자가 적합하다.

계(癸)는 오행중에 수에 비유한다. 음수이니 작은물, 안개, 우물물을 비유한다. 크게 되고 싶은 욕심을 버리고 안정되게 움직여야 한다. 알맞게 고여 있는 물이므로, 주위를 평화롭게 해준다. 잠재능력이 뛰어나긴 하지만, 자기 꾀에 자기가 넘어갈 수 있으니 조심해야 한다. 공직에 인연이 있다. 항상 바쁘고 분주하다. 직업을 여러 개 가질 수도 있다.

20 . 계 미

갑신☞푸른 원숭이
　특징:열두가지 재주가 있다.성격이 불같다.
　갑(甲)양(陽)목(木)신(申)양(陽)금(金)
오행☞금(金)극(剋)목(木)
건강☞금은 폐, 목은 간
육친은 편관☞남(男)☞자식,백모,조부,사촌형제
　　　　　　　여(女)☞ 남편의 형
해설:재주가 많다. 취미가 다양하다. 이상이 높다. 항상 부지런하다. 귀가 얇다. 남을 의심하지마라. 동업할때는 상대를 믿어야 한다. 수시로 변동하지 마라.

신(申)은 오행중에 금에 비유한다. 천성이 착하고 쾌활하다. 단체성과 사교성이 뛰어나지만, 혼자 있기를 좋아한다. 두뇌도 명석하고 재능도 뛰어나며, 자존심은 강하고 욕심이 많다. 자신의 우월감에 사로잡혀 사람들과 사귀어도 깊은 정을 주지 않는 편이다. 숫자에 밝아 과학, 공학등의 계통에 적합하다. 12가지 재주가 있어 무엇이든지 못하는 게 없다.. 재주가 많아서 한곳에 정착을 못하는 경향이 있다.

갑(甲)은 오행중에 목에 비유한다. 큰 나무나 고목나무에 비유한다. 갑은 양목이다. 양은 큰 것, 마른 것을 의미하므로, 마른 나무, 큰 나무라고 표현할 수 있다. 나무의 성장의지, 자라고자 하는 의욕을 의미하며 상징화시켜 목이라 표현한 것이다. 박학다식하고 노트정리를 잘한다. 자신에게 불리한 상황이 있어도 아쉬운 소리도 못하고 굽신거리지 못한다. 종교계의 우두머리로 이상은 높으나 현실 감각이 뒤쳐진다.

21 . 갑 신

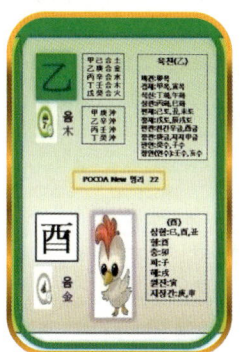

을유☞푸른 닭
특징:성품이 후하고 덕망이 있다. 공사 분별이 확실하다.
을(乙)음(陰)목(木), 유(酉)음(陰)금(金)
오행☞금(金)극(剋)목(木)
건강☞목은 간, 금은 폐
육친은 편관☞남(男)☞자식,백모,조부,사촌형제
　　　　　　　여(女)☞남편의 형
해설:이상이 높고 강하다. 생각보다는 행동을 잘한다. 현실적이다. 남을 사귈때 예의를 갖춘다. 농업에 관한 연구를 하면 좋다. 글을 배워 문학을 해도 좋다.

유(酉)는 오행중에 금에 비유한다. 꿈이 잘 맞으며 예지력이 뛰어나므로 앞일을 잘 맞춘다. 인정이 많으며 조상이 돌봐준다고 한다. 성격이 강직하고 명예를 중히 여기며 범사에 호기심은 많다. 수시로 변천하는 사회에 적시 대응하는 처세가 원만하고 자기 이 속을 깍듯이 챙기면서 끝까지 밀고 나가려는 그 추진력과 투지가 좋다. 뜻은 높고 욕심이 적고 남과 사귀는 것에 예의를 갖춘다. 성품이 후덕하고 충직하며 덕망이 있다.

을(乙)은 오행중에 목에 비유한다. 풀, 넝쿨. 화분에 있는 나무에 비유한다. 아스팔트도 뚫고 나올 만큼 끈질기고 강한 생명력을 나타낸다. 갑양목이 흡수한 계음수의 수를 포함하며 을 자체는 나무가 물을 만난 것이라고 상징되므로 두려울 것이 없이 자라나는 것을 비유한다. 최후의 승리를 위하여 최선을 다해서 결과물을 얻어낼만큼 끈질긴 도전과 생명력을 가지고 있다. 베풀기를 좋아하기 때문에 나이가 들수록 남에게 인정과 존귀를 받는다.

22. 을 유

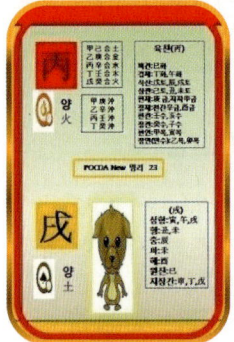

병술☞붉은 개
 특징·성품이 곧고 인정과 잔정이 많다.
 병(丙)양(陽)화(火), 술(戌)양(陽)토(土)
오행☞화(火)생(生)토(土)
건강☞화는 심장, 토는 위
육친은 식신☞남(男)☞장인,장모,조카,손자
              여(女)☞자식,손자,친정조카
해설:온화하다. 엄청 부지런하다.참견하기를
     좋아한다. 저축을 무지하게 잘한다.
     마음을 다스리는 공부를 하면 덕이 저
     절로 쌓아진다. 매사에 듬직해서 좋다.

　　　술(戌)은 오행중에 토에 비유한다. 심성은 착하고 정직하며 의리를 중히 여긴다. 재능과 예술 감각이 뛰어나다. 예술방면으로 진출을 해도 능히 대성 발전할 수 있는 역량과 소질을 가지고 있다. 개발 개척 정신이 강하다. 독립, 자립심이 강하며 자수성가의 타입이다. 잔인할 적엔 무척 잔인하다. 말싸움은 타의 추종을 불허하고 음량이 풍부하므로 목소리를 사용하는 직업이 적합하다. 남성은 궤변에 능통하고 여성은 학술적인 언어학에 적격이다.

　　　병(丙)은 오행중에 화에 비유한다. 양화이므로 태양이나 큰 불에 비유한다, 타오르는 불이므로 위험을 뜻하기도 한다. 의리에 강하다. 일의 분석력도 뛰어나고, 성격은 화끈하고 뒤끝이 없다. 상대방을 파악 잘하고 순간대처 능력도 뛰어나고 예의범절도 중요시한다. 혼자 가슴앓이도 많이 한다. 열기가 솟구치는 것이니 호걸풍의 사람이 많고 소멸, 폐허, 전쟁, 공포, 병, 위험, 파괴 등을 나타낸다.

23 . 병 술

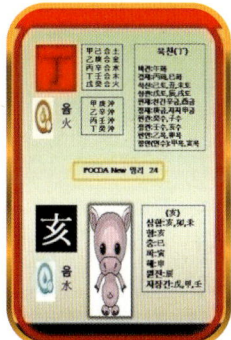

정해☞붉은 돼지
특징:뜻이 넓고 생각이 깊다. 사교적이다.
　　　풍부한 표현력의 소유자다.
　정(丁)음(陰)화(火), 해(亥)음(陰)수(水)
오행☞수(水)극(剋)화(火)
건강☞화는 심장, 수는 신장
육친은 정관☞남(男)☞자식,조카
　　　　　　　여(女)☞남편,조모
해설:인기가 좋다. 한번 시작한 일은 저돌
　　　적으로 밀고 나간다. 조용하며 이성
　　　적이다. 마음속으로 자기가 최고라고
　　　생각한다. 본인이 하고 싶은 일을
　　　하고 산다.

해(亥)는 오행중에 수에 비유한다. 성격이 온유하고 신의를 중히 여기며, 거짓이 없고 주관이 뚜렷하다. 강인한 집념과 왕성한 추진력이 있다. 남의 의견을 무시하고 자신의 고집을 앞세우는 경향이 있기 때문에, IT 산업의 선두주자중에 돼지(亥)가 년월일시에 있는 사람이 많다. 독립정신이 강해서 독창적인 아이디어를 짜내어 새로운 것을 만드는 일을 하는 것을 잘해낸다. 열두가지 복과 열두가지 재주가 있어 다재다능하다. 즉흥적인 것을 잘하여 주위의 주목을 받는다.

정(丁)은 오행중에 화에 비유한다. 음화이므로 작은 불에 비유한다. 정화는 작은불, 촛불을 나타낸다. 수리력과 탐구력, 상상력이 뛰어나고 신의도 잘 지킨다. 새로운 것에 관심도 많고, 의식 세계가 남보다 뛰어나다. 주의사람들에게 호기심이 많고, 미완성인 것을 의타심으로 메우려하니 영웅심이 강하고 인정이 많고 지배욕도 강한 반면 중상 모략에 잘 휘말리는 경향이 있다.

24. 정 해

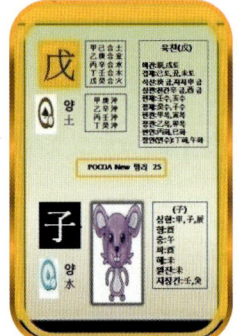

무자☞흙 쥐
 특징:느긋한 것이 특징이다. 내성적이다.
무(戊)양(陽)토(土), 자(子)양(陽)수(水)(육친으로
 볼때는 음으로 바뀐다.)
오행☞토(土)극(剋)수(水)
건강☞토는 위, 수는 신장
육친은 정재☞남(男)☞처,백부,백모
          여(女)☞시어머니,백부,백모
해설:부와 명예를 동시에 얻게 된다. 감정이 앞선다. 성격이 불 같다. 차분하게 일을 처리하면 모든 일이 잘 풀린다. 자유분방.확고한 신념의 소유이다.

자(子)는 오행중에 수(水)에 비유한다. 고지의 정복을 목표로 삼으면서 끊임없이 노력하여 마음먹은 일은 끝까지 완성시킨다. 감각기능이 예민하여 순간적인 재치가 있고 논리적이다. 배우자, 즉 남편이나 처를 사랑하는 것보다 자식사랑이 더욱 깊다. 성품이 깔끔하고 사교적이므로 사업이 잘된다. 차분하고 쾌할한 기질이 친화성이 좋고 사교성이 뛰어나 친구가 많으므로, 사람을 불러들이는 업종이면 무엇이든지 크게 성공할 수 있다.

무(戊)는 오행중에 토에 비유한다. 양토이니 마른 흙, 넓은 땅, 토대, 큰 바위에 비유한다. 큰일을 좋아하며 통이 크다. 입은 무겁고 경쟁심이 강하다. 일할때는 상대파악을 잘하며, 참모역할을 잘한다. 한번 실패했다고 주저앉기 보다는 재도전을 해서 성공한다. 신의도 중요시하고 의식세계가 남보다 앞선다. 장래의 희망과 목적의식을 가지고 큰일을 도모한다.

25 . 무 자

기축☞황 우
 특징·성격이 부드럽고 순하다.
    기(己)음(陰)토(土), 축(丑)음(陰)토(土)
 오행☞토(土)토(土) 건강: 토는 위
 육친은 비견☞남(男)☞형제,친구,조카,
            여(女)☞형제,친구,조카
 해설: 조용한 성격으로 말수가 적으며 혼자
       있기를 좋아한다. 홀로 사색하기를 좋
       아한 다. 성격이 조용하고 말을 아낀다.
       대기만성형이다.일을 성공시키는 행운.
       적응력. 영적인 개발. 사회사업. 건전
       한사고. 일을 사랑함. 논리에 밝은 명
       석한 두뇌.

축(丑)은 오행중에 토에 비유한다. 천성이 유순하고 모질지 않으나, 우직스런 뚝심과 고집이 있어 다소 저항적이기도 하다. 자아의식이 강하고, 꾀를 부리지 않으면서도 학업에 열중하지 않고 곧잘 독단적인 행위를 취하기도 한다. 매사에 느리고 여유가 있다. 명예욕은 매우 강하나 여유를 부림으로 기회포착이 좀 늦어진다. 남에게 복종은 못한다. 명예욕이 강한 고로 성취가 없으면 매사에 불만이 많다. 경제는 보통이며 은둔생활을 좋아한다. 낭만적이고 성실하고 온순하다.

기(己)는 오행중에 토에 비유한다. 음은 알맞은 상태의 젖은 흙, 늪, 비옥한 땅을 의미한다. 호언장담을 잘하기도 하지만, 속이 깊어서 내색을 잘 하지 않고 번뜩이는 지혜가 뛰어나다. 젖은 흙속에 무언가를 감추어 둔 듯, 마음속에 간직한 비밀이 많다. 안정적인 직업이 최고이다. 생명을 꽃피울 수 있기에 그 비옥한 땅을 메꿔 꽃피울 것을 찾아 헤매게 된다.

26 . 기 축

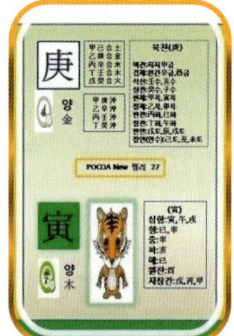

경인☞백호
 특징:용맹하다. 의리가 좋다.
  경(庚)양(陽)금(金), 인(寅)양(陽)목(木)
 오행☞금(金)극(剋)목(木)
 건강☞금은 폐, 목은 간
 육친은 편재☞남(男)☞아버지.처의 형제
           여(女)☞아버지.시어머니,손자
 해설: 천성이 쾌활하고 낙천적이다. 남의 장점을 자기 것으로 흡수하는 재주가 있다. 성격이 활달하다. 남의 흉내를 잘내서 자기 것으로 만든다. 끈기가 부족하다.

  인(寅)은 오행중에 목에 비유한다. 성격이 조급하고 경솔한 편이나 경계심이 높고 호탕한 기질이 낙천적이면서도 옳고 그름을 분명히 하고, 정의를 숭상하는 강직한 성품이다. 모든 일에 항상 호령하면서 리드하는 지휘자격이 되어 앞장선다. 권위있는 직업을 얻기 위해 뛰어난 용기와 야망을 성취하려는 독립심이 강하다. 세속적인 출세나 안정을 바라지 않고 방황하는 성품이다. . 어떤 일이든 마음 먹으면 끝까지 해내지만, 동상이몽을 잘한다.

  경(庚)은 오행중에 금에 비유한다. 양금이니 마른 돌과 딱딱한 바위나 무쇠덩어리를 비유한다. 마음속에는 남모르는 걱정도 많고 근심도 많지만, 부정한 일을 못참고 입바른 말을 잘하고, 의리도 잘 지킨다. 어떤 일이든 마음에 안들면 절대 쳐다도 보지 않지만 한번 시작하면 마무리도 잘한다. 때로는 말도 안되는 잡다한 욕심을 부리기도 한다.

27 . 경 인

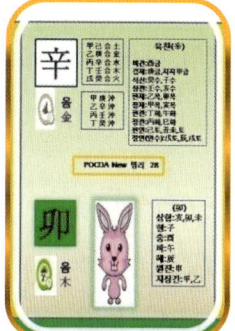

신묘☞흰 토끼
  특징:불의를 보면 지나치지 못한다.현실적이고 애정이 풍부하다
    신(辛)음(陰)금(金),묘(卯)음(陰)목(木)
  오행☞금(金)극(剋)목(木)
  건강☞금은 폐, 목은 간
  육친은 편재☞남(男)☞아버지.처의 형제
              여(女)☞아버지.시어머니,손자
해설:애정이 풍부하고 헌신적이며 일류를
      좋아한다. 현실적이고 애정이 풍부하
      다. 최고를 좋아한다. 재주는 많지만,
      활용을 못 할 때가 있다.

  묘(卯)는 오행중에 목에 비유한다. 천성이 유순하고 인정이 있으며, 남다른 육감과 손재주를 지니고 있다. 논리적인 명확성을 갖추어 불분명한 것을 싫어한다.
  눈이 맑고 수학적인 머리를 갖추고 있다. 부모덕을 못보나 자식을 끔찍하게 생각한다. 도전적이고 질서 정연한 이론을 전개하며 보통 사람들과 거리감을 조성하길 잘한다. 후회할 줄 몰라서 손해보는 경우가 많다. 비사교적이며 창작 예술적 감각과 재질이 풍부하다.

  신(辛)은 오행중에 금에 비유한다. 음금이니 보석을 .비유한다. 결벽증이 있어서 사람도 선별해서 사귀고 자만심이 강하다. 남의 단점을 잘 알고 훤히 들여다보고 대처를 잘한다. 작은 선물에도 마음을 열고 좋아한다. 땅속의 바위이니, 물을 만나 시간속에 굳어진 광물이 보석이 되는 것처럼 새로움을 추구한다.

28 . 신 묘

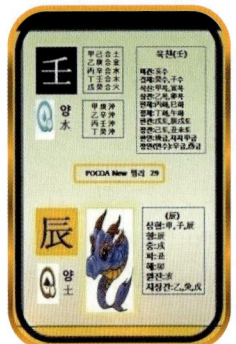

임진☞흑룡
 특징:베풀기를 좋아한다. 자립심이 강하다.
  임(壬)양(陽)수(水), 진(辰)양(陽)토(土)
 오행☞토(土)극(剋)수(水)
 건강☞수는 신장, 토는 위
 육친은 편관☞남(男)☞자식,백모,조부,사촌형제
         여(女)☞ 남편의 형
 해설:지성적이며 자기주장이 강하다. 숫자에
     밝고 지적이다. 예능 분야에 소질이 있
     다. 남다른 재주가 있다. 만인에게 덕행
     을 베푼다.

 진(辰)은 오행중에 토에 비유한다. 성품이 유순하고 생각이
 깊어서 모든 일에 잘 순응하고 왕성한 활동력이 자신을 영
 화롭게 잘 변신시킨다. 대외적이고 공상적이다. 신앙심이 두
 텁다. 현실에 집착하지 않으며 통이 크다. 주위사람들의 안
 목을 대수롭게 여기지 않는 행동을 잘한다. 실천적인 경향이
 강하다. 냉정할때는 무자비할 정도로 냉정하다. 변덕이 심하
 고 타인을 얕잡아 보는 기질이 강하다. 처세술에 뛰어나고
 감정이 풍부하다. 공상과 함께 예지력도 겸비하고 있다.

 임(壬)은 오행중에 수에 비유한다. 양수이니 큰바다,
 태평양, 인도양, 대서양을 비유한다. 속마음을 겉으
 로 드러내지 않는 깊은 마음을 가졌지만, 겉으로는
 마음이 넓고 대범하다. 흐르는 물이므로 변동을 잘
 하고 화술, 권모술수에 능하고 임기응변에도 뛰어
 나다. 실천력이 약하지만, 움직여야 좋다.

29 . 임 진

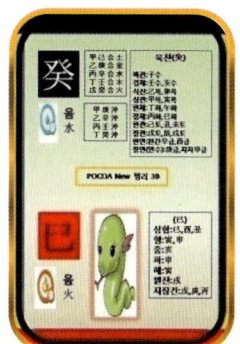

계사☞흑사
 특징:무한대의 실력. 언변술이 뛰어나다.
계(癸)음(陰)수(水), 사(巳)음(陰)화(火)(육친으로 볼 때는 양으로 바뀐다.)
오행☞수(水)극(剋)화(火)
건강☞수는 신장, 화는 심장
육친은 정재☞남(男)☞처,백부,백모
            여(女)☞시어머니,백부,백모
해설:어려운 일도 쉽게 풀어나간다. 인덕이 많다 .사람을 잘 사귄다. 주위에 좋은 사람이 많다. 역경을 잘 헤쳐 나간다. 동정심이 많다. 고집과 주장이 강하다.

사(巳)는 오행중에 화에 비유한다. 인품이 단정하고 성정이 차분하면서 예민하다. 매사에 직선적이고 깔끔한 성격이며, 무엇이든 마음에 들면 끝까지 유종의 미를 거두는 투철한 기질이 있다. 숨은 재주가 많고 두뇌가 명석하다. 사람을 사귀면 이별을 잘하고 방황하는 성격이다. 유혹도 천부적으로 타고 났으며 허영심이 많다. 매사에 명석한 두뇌와 꾸준한 인내로 끝까지 매듭짓는다. 지적인 것과 헌신적인 면이 있으니 이것을 적절히 잘 개발하여 성공한다. 공격성이 발동하면 물불을 가리지 않는다.

계(癸)는 오행중에 수에 비유한다. 음수이니 작은물, 안개, 우물물을 비유한다. 크게 되고 싶은 욕심을 버리고 안정되게 움직여야 한다. 알맞게 고여 있는 물이므로, 주위를 평화롭게 해준다. 잠재능력이 뛰어나긴 하지만, 자기 꾀에 자기가 넘어갈 수 있으니 조심해야 한다. 공직에 인연이 있다. 항상 바쁘고 분주하다. 직업을 여러 개 가질 수도 있다.

30 . 계 사

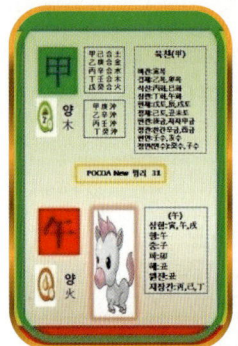

갑오☞청말
 특징:기분의 기복이 심하다. 눈썹미가
    뛰어나다.
갑(甲)양(陽)목(木), 오(午)양(陽)화(火)(육친
 으로 볼 때는 음으로 바뀐다.)
오행☞목(木)생(生)화(火)
건강☞목은 간, 화는 심장
육친은 상관☞남(男)☞조모,외조모
       여(女)☞자식
해설::단순하다.고상한 취미가 있다. 한곳에
  안주하지 못한다. 끊임없이 연구. 쓰임
  새를 잘한다 영감이 좋다. 마음이 착하
  다. 적극적이지 못하다. 봉사정신이 강
  하다. 소탈하다.

　　오(午)는 오행중에 화에 비유한다. 천성이 인자하고 활달
하여 대인관계가 원만하며 친구도 많다. 타고난 재복이 풍
성하고 이름도 널리 떨칠 수 있다. 자연 순리 법칙에 가장
잘 순응한다. 대인관계는 이상형을 추구한 나머지 외톨이
가 되기 쉽다. 음식은 골고루 섭취하여야 하고, 예지력은
상상을 초월한다. 싫어짐은 버리고 좋아짐은 키워 큰일을
성취시킨다. 정보수집에 뛰어나고 궤변에 능통하다. 적과
의 동침도 잘한다.

　　갑(甲)은 오행중에 목에 비유한다. 큰 나무나 고목나무에 비유
한다. 갑은 양목이다. 양은 큰 것, 마른 것을 의미하므로, 마른
나무, 큰 나무라고 표현할 수 있다. 나무의 성장의지, 자라고자
하는 의욕을 의미하며 상징화시켜 목이라 표현한 것이다. 박학
다식하고 노트정리를 잘한다. 자신에게 불리한 상황이 있어도
아쉬운 소리도 못하고 굽신거리지 못한다. 종교계의 우두머리
로 이상은 높으나 현실 감각이 뒤쳐진다.

31 . 갑 오

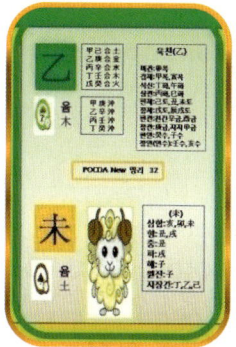

을미☞푸른 양
 특징:학문을 잘한다. 인정이 풍부하다.
 을(乙)음(陰)목(木), 미(未)음(陰)토(土)
오행☞목(木)극(剋)토(土)
건강☞목은 간, 토는 위
육친은 편재☞남(男)☞아버지.처의 형제
         여(女)☞아버지.시어머니,손자
해설:솔직하다. 변화가 별로 없고 평범하다.
  누구하고든 친하게 잘 지낸다. 현실에
  신중하고 최선을 다하면 최후의 승자
  가 된다.

미(未)는 오행중에 토에 비유한다. 학구적인 사색을 간섭 받기를 싫어한다. 고요한 성품이 어질고 유순은 하나 내성적인 고집과 우김성이 있고 자존심이 강하여 승부 걸기를 좋아하고, 음식 맛도 잘 보고 음식도 잘한다. 음식에 기호품이 있어 까다롭다. 어떤 일을 시작해도 꾸준하고 꼼꼼하다. 편안함을 추구하며 멋을 부리지 않는다. 마음이 너그럽고 욕심을 부리지 않는다. 직업은 학문 분야에 연구하는 교직자가 적합하다.

을(乙)은 오행중에 목에 비유한다. 풀, 넝쿨. 화분에 있는 나무에 비유한다. 아스팔트도 뚫고 나올 만큼 끈질기고 강한 생명력을 나타낸다. 갑양목이 흡수한 계음수의 수를 포함하며 을 자체는 나무가 물을 만난 것이라고 상징되므로 두려울 것이 없이 자라나는 것을 비유한다. 최후의 승리를 위하여 최선을 다해서 결과물을 얻어낼만큼 끈질긴 도전과 생명력을 가지고 있다. 베풀기를 좋아하기 때문에 나이가 들수록 남에게 인정과 존귀를 받는다.

32 . 을 미

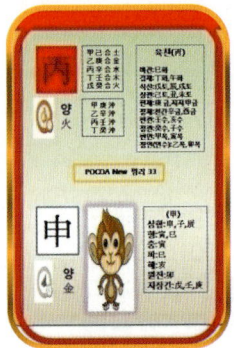

병신☞붉은 원숭이
 특징:재주가 많다. 풍부한 감성의 소유자다.
  병(丙)양(陽)화(火), 신(申)양(陽)금(金)
오행☞화(火)극(剋)금(金)
건강☞화는 심장, 금은 폐

육친은 편재☞남(男)☞아버지.처의 형제
            여(女)☞아버지.시어머니,손자
해설:머리가 총명하다. 끊임없이 움직인다.
    일을 처리하는 능력이 탁월하다. 자기
    주장이 강하다.새로운 일에 관심이 많
    다. 고집이 세다. 직감력으로 꿈을 현실
    화시킨다.

신(申)은 오행중에 금에 비유한다. 천성이 착하고 쾌활하다. 단체성과 사교성이 뛰어나지만, 혼자 있기를 좋아한다. 두뇌도 명석하고 재능도 뛰어나며, 자존심은 강하고 욕심이 많다. 자신의 우월감에 사로잡혀 사람들과 사귀어도 깊은 정을 주지 않는 편이다. 숫자에 밝아 과학, 공학등의 계통에 적합하다. 12가지 재주가 있어 무엇이든지 못하는 게 없다. . 재주가 많아서 한곳에 정착을 못하는 경향이 있다.

병(丙)은 오행중에 화에 비유한다. 양화이므로 태양이나 큰 불에 비유한다, 타오르는 불이므로 위험을 뜻하기도 한다. 의리에 강하다. 일의 분석력도 뛰어나고, 성격은 화끈하고 뒤끝이 없다. 상대방을 파악 잘하고 순간대처 능력도 뛰어나고 예의범절도 중요시한다. 혼자 가슴앓이도 많이 한다. 열기가 솟구치는 것이니 호걸풍의 사람이 많고 소멸, 폐허, 전쟁, 공포, 병, 위험, 파괴 등을 나타낸다.

33 . 병 신

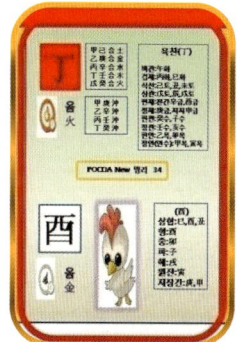

정유☞붉은 닭
 특징: 총명하다. 감성이 넘친다.
  정(丁)음(陰)화(火), 유(酉)음(陰)금(金)
오행☞화(火)극(剋)금(金)
건강☞화는 심장, 금은 폐
육친은 편재☞남(男)☞아버지.처의 형제
            여(女)☞아버지.시어머니,손자
해설:섬세하다. 대담하다. 집념이 강하다. 성패가 극과 극이라 처세를 잘해야 한다. 어려운 일이 있으면 곧 새로운 돌파구를 낸다. 고집이세다. 깨우침이 빠르다.

유(酉)는 오행중에 금에 비유한다. 꿈이 잘 맞으며 예지력이 뛰어나므로 앞일을 잘 맞춘다. 인정이 많으며 조상이 돌봐준다고 한다. 성격이 강직하고 명예를 중히 여기며 범사에 호기심은 많다. 수시로 변천하는 사회에 적시 대응하는 처세가 원만하고 자기 이 속을 깍듯이 챙기면서 끝까지 밀고 나가려는 그 추진력과 투지가 좋다. 뜻은 높고 욕심이 적고 남과 사귀는 것에 예의를 갖춘다. 성품이 후덕하고 충직하며 덕망이 있다.

정(丁)은 오행중에 화에 비유한다. 음화이므로 작은 불에 비유한다. 정화는 작은불, 촛불을 나타낸다. 수리력과 탐구력, 상상력이 뛰어나고 신의도 잘 지킨다. 새로운 것에 관심도 많고, 의식 세계가 남보다 뛰어나다. 주의사람들에게 호기심이 많고, 미완성인 것을 의타심으로 메우려하니 영웅심이 강하고 인정이 많고 지배욕도 강한 반면 중상 모략에 잘 휘말리는 경향이 있다.

34 . 정 유

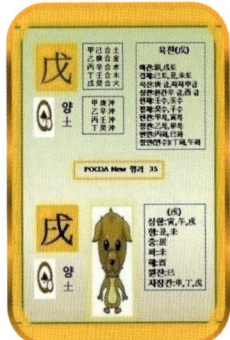

무술☞황 구
특징:합리적이다. 마음이 무지하게 넓다.
무(戊)양(陽)토(土), 술(戌)양(陽)토(土)
오행☞土土   건강☞토는 위
육친은 비견☞남(男)☞형제,친구,조카,
　　　　　　여(女)☞형제,친구,조카
해설:대체로 인생이 순조롭다. 현실적이다. 원만한 대인관계로 남과 다툼이 없다. 재물운과 명예 운이 따른다, 낭비벽이 심하지만, 아낄 때는 무지하게 알뜰하며 적응력이 좋다.

술(戌)은 오행중에 토에 비유한다. 심성은 착하고 정직하며 의리를 중히 여긴다. 재능과 예술 감각이 뛰어나다. 예술방면으로 진출을 해도 능히 대성 발전할 수 있는 역량과 소질을 가지고 있다. 개발 개척 정신이 강하다. 독립, 자립심이 강하며 자수성가의 타입이다. 잔인할 적엔 무척 잔인하다. 말싸움은 타의 추종을 불허하고 음량이 풍부하므로 목소리를 사용하는 직업이 적합하다. 남성은 궤변에 능통하고 여성은 학술적인 언어학에 적격이다.

무(戊)는 오행중에 토에 비유한다. 양토이니 마른 흙, 넓은 땅, 토대, 큰 바위에 비유한다. 큰일을 좋아하며 통이 크다. 입은 무겁고 경쟁심이 강하다. 일할때는 상대파악을 잘하며, 참모역할을 잘한다. 한번 실패했다고 주저앉기 보다는 재도전을 해서 성공한다. 신의도 중요시하고 의식세계가 남보다 앞선다. 장래의 희망과 목적의식을 가지고 큰일을 도모한다.

35. 무 술

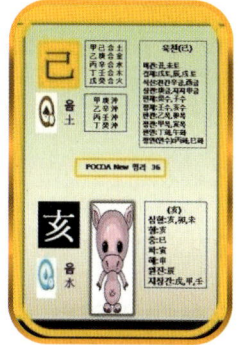

기해☞흙 돼지
 특징:명석한 두뇌. 외유내강이다.
기(己)음(陰)토(土), 해(亥)음(陰)수(水)(육친
으로 볼 때는 양으로 바뀐다.)
오행☞ 토(土)극(剋)수(水)
건강☞ 토는 위, 수는 신장
육친은 정재☞남(男)☞처,백부,백모
            여(女)☞시어머니,백부,백모
해설: 아이디어가 풍부하고 기발하다. 한우
물만 파면 성공한다. 가끔은 생활에 변화가
올 수도 있다. 실질 이익을 중요하게 생각
한다.자유분방.확고한 신념의 소유자.

해(亥)는 오행중에 수에 비유한다. 성격이 온유하고 신의를 중히 여기며, 거짓이 없고 주관이 뚜렷하다. 강인한 집념과 왕성한 추진력이 있다. 남의 의견을 무시하고 자신의 고집을 앞세우는 경향이 있기 때문에, IT 산업의 선두주자중에 돼지(亥)가 년월일시에 있는 사람이 많다. 독립정신이 강해서 독창적인 아이디어를 짜내어 새로운 것을 만드는 일을 하는 것을 잘해낸다. 열두가지 복과 열두가지 재주가 있어 다재다능하다. 즉흥적인 것을 잘하여 주위의 주목을 받는다.

기(己)는 오행중에 토에 비유한다. 음은 알맞은 상태의 젖은 흙, 늪, 비옥한 땅을 의미한다. 호언장담을 잘하기도 하지만, 속이 깊어서 내색을 잘 하지 않고 번뜩이는 지혜가 뛰어나다. 젖은 흙속에 무언가를 감추어 둔 듯, 마음속에 간직한 비밀이 많다. 안정적인 직업이 최고이다. 생명을 꽃피울 수 있기에 그 비옥한 땅을 메꿔 꽃피울 것을 찾아 헤매게 된다.

36 . 기 해

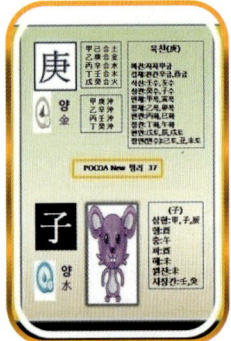

경자☞흰 쥐
 특징:건전한 사고.냉철한 성격이다.
경(庚)양(陽)금(金), 자(子)양(陽)수(水)(육친으로
 볼때는 음으로 바뀐다.)
오행☞금(金)생(生)수(水)
건강☞ 금은 폐, 수는 신장
육친은 상관☞남(男)☞조모,외조모
        여(女)☞자식
해설:신경이 예민하고 머리가 총명하다. 꾸준히
     잘하던 일도 의욕을 잃으면 포기하는 수가
     있다. 모든 일을 끈기를 가지고 하면 성공한
     다. 보스 기질이 있어도 독재는 하지 않는다.

자(子)는 오행중에 수(水)에 비유한다. 고지의 정복을 목표로 삼으면서 끊임없이 노력하여 마음먹은 일은 끝까지 완성시킨다. 감각기능이 예민하여 순간적인 재치가 있고 논리적이다. 배우자, 즉 남편이나 처를 사랑하는 것보다 자식사랑이 더욱 깊다. 성품이 깔끔하고 사교적이므로 사업이 잘된다. 차분하고 쾌활한 기질이 친화성이 좋고 사교성이 뛰어나 친구가 많으므로, 사람을 불러들이는 업종이면 무엇이든지 크게 성공할 수 있다.

경(庚)은 오행중에 금에 비유한다. 양금이니 마른 돌과 딱딱한 바위나 무쇠덩어리를 비유한다. 마음속에는 남모르는 걱정도 많고 근심도 많지만, 부정한 일을 못참고 입바른 말을 잘하고, 의리도 잘 지킨다. 어떤 일이든 마음에 안들면 절대 쳐다도 보지 않지만 한번 시작하면 마무리도 잘한다. 때로는 말도 안되는 잡다한 욕심을 부리기도 한다.

37 . 경 자

신축☞흰 소
 특징:부지런하다. 용기가 있다.
  신(辛)음(陰)금(金), 축(丑)음(陰)토(土)
오행☞토(土)생(生)금(金)
건강☞금은 폐, 토는 위
육친은 편인☞남(男)☞계모,유모,어머니 형제
           여(女)☞계모,유모,어머니 형제
해설:남에게 호감을 산다. 주위사람들에게 인기를 끈다. 인내심이 강하다. 일을 시작하면 끝을 본다.학문과 논리에 밝은 명석한 두뇌를 가진 사람이 많다. 건전한 사고를 가지고 사회사업에 종사하는 사람이 많다.

축(丑)은 오행중에 토에 비유한다. 천성이 유순하고 모질지 않으나, 우직스런 뚝심과 고집이 있어 다소 저항적이기도 하다. 자아의식이 강하고, 꾀를 부리지 않으면서도 학업에 열중하지 않고 곧잘 독단적인 행위를 취하기도 한다. 매사에 느리고 여유가 있다. 명예욕은 매우 강하나 여유를 부림으로 기회포착이 좀 늦어진다. 남에게 복종은 못한다. 명예욕이 강한 고로 성취가 없으면 매사에 불만이 많다. 경제는 보통이며 은둔생활을 좋아한다. 낭만적이고 성실하고 온순하다.

신(辛)은 오행중에 금에 비유한다. 음금이니 보석을 .비유한다. 결벽증이 있어서 사람도 선별해서 사귀고 자만심이 강하다. 남의 단점을 잘 알고 훤히 들여다보고 대처를 잘한다. 작은 선물에도 마음을 열고 좋아한다. 땅속의 바위이니, 물을 만나 시간속에 굳어진 광물이 보석이 되는 것처럼 새로움을 추구한다.

38 . 신 축

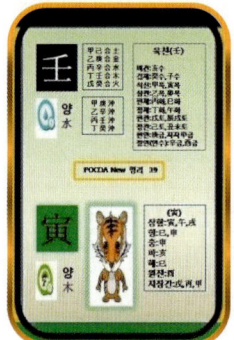

임인☞검은 호랑이
 특징:행동적이다. 머리가 비상하다.
  임(壬)양(陽)수(水), 인(寅)양(陽)목(木)
오행☞수(水)생(生)목(木)
건강☞수는 신장 ,목은 간
육친은 식신☞남(男)☞장인,장모,조카,손자
          여(女)☞자식,손자,친정
해설:예술에 남다른 재주가 있다. 허황된 것
    보다는 실질적인 것을 좋아한다. 낙천적
    이고 성격이 활달하며 항상 움직인다.
    남의 흉내를 잘 내서 자기 것으로 만든다.

인(寅)은 오행중에 목에 비유한다. 성격이 조급하고 경솔한 편이나 경계심이 높고 호탕한 기질이 낙천적이면서도 옳고 그름을 분명히 하고, 정의를 숭상하는 강직한 성품이다. 모든 일에 항상 호령하면서 리드하는 지휘자격이 되어 앞장선다. 권위있는 직업을 얻기 위해 뛰어난 용기와 야망을 성취하려는 독립심이 강하다. 세속적인 출세나 안정을 바라지 않고 방황하는 성품이다. . 어떤 일이든 마음 먹으면 끝까지 해내지만, 동상이몽을 잘한다.

임(壬)은 오행중에 수에 비유한다. 양수이니 큰바다, 태평양, 인도양, 대서양을 비유한다. 속마음을 겉으로 드러내지 않는 깊은 마음을 가졌지만, 겉으로는 마음이 넓고 대범하다. 흐르는 물이므로 변동을 잘 하고 화술, 권모술수에 능하고 임기응변에도 뛰어나다. 실천력이 약하지만, 움직여야 좋다.

39 .임 인

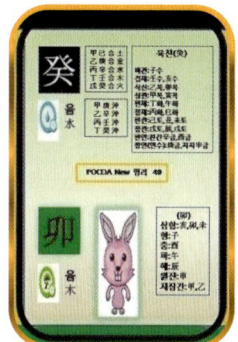

계묘☞검은 토끼
 특징:경영에 탁월하다. 주장이 강하다.
계(癸)음(陰)수(水), 묘(卯)음(陰)목(木)
오행☞수(水)생(生)목(木)
건강☞수는 신장, 목은 간
육친은 식신☞남(男)☞장인,장모,조카,손자
       여(女)☞자식,손자,친정
해설: 부지런하다.행동적이고 미와 학문을 추구한다.현실적이고 애정이 풍부하다. 최고를 좋아한다. 재주는 많은데 활용을 못할 때가 있다. 꿋꿋한 기질이 있다.

묘(卯)는 오행중에 목에 비유한다. 천성이 유순하고 인정이 있으며, 남다른 육감과 손재주를 지니고 있다. 논리적인 명확성을 갖추어 불분명한 것을 싫어한다.
눈이 맑고 수학적인 머리를 갖추고 있다. 부모덕을 못보나 자식을 끔찍하게 생각한다. 도전적이고 질서 정연한 이론을 전개하며 보통 사람들과 거리감을 조성하길 잘한다. 후회할 줄 몰라서 손해보는 경우가 많다. 비사교적이며 창작 예술적 감각과 재질이 풍부하다.

계(癸)는 오행중에 수에 비유한다. 음수이니 작은물, 안개, 우물물을 비유한다. 크게 되고 싶은 욕심을 버리고 안정되게 움직여야 한다. 알맞게 고여 있는 물이므로, 주위를 평화롭게 해준다. 잠재능력이 뛰어나긴 하지만, 자기 꾀에 자기가 넘어갈 수 있으니 조심해야 한다. 공직에 인연이 있다. 항상 바쁘고 분주하다. 직업을 여러 개 가질 수도 있다.

40 . 계 묘

갑진☞청룡
 특징:성실하다. 독립심이 강하다.
갑(甲)양(陽)목(木), 진(辰)양(陽)토(土)
오행☞목(木)극(剋)토(土)
건강☞목은 간, 토는 위
육친은 편재☞남(男)☞아버지.처의 형제
           여(女)☞아버지.시어머니,손자
해설:신앙심이 두텁다. 남에게 지기 싫어한다. 보수적이다. 현실에 집착하지 않으며 통이 크다.감당하기 어려운 일 또는 약속을 하여 스스로 고생을 자처한다. 슬기로움이 있다.

진(辰)은 오행중에 토에 비유한다. 성품이 유순하고 생각이 깊어서 모든 일에 잘 순응하고 왕성한 활동력이 자신을 영화롭게 잘 변신시킨다. 대외적이고 공상적이다. 신앙심이 두텁다. 현실에 집착하지 않으며 통이 크다. 주위사람들의 안목을 대수롭게 여기지 않는 행동을 잘한다. 실천적인 경향이 강하다. 냉정할때는 무자비할 정도로 냉정하다. 변덕이 심하고 타인을 얕잡아 보는 기질이 강하다. 처세술에 뛰어나고 감정이 풍부하다. 공상과 함께 예지력도 겸비하고 있다.

갑(甲)은 오행중에 목에 비유한다. 큰 나무나 고목나무에 비유한다. 갑은 양목이다. 양은 큰 것, 마른 것을 의미하므로, 마른 나무, 큰 나무라고 표현할 수 있다. 나무의 성장의지, 자라고자 하는 의욕을 의미하며 상징화시켜 목이라 표현한 것이다. 박학다식하고 노트정리를 잘한다. 자신에게 불리한 상황이 있어도 아쉬운 소리도 못하고 굽신거리지 못한다. 종교계의 우두머리로 이상은 높으나 현실 감각이 뒤쳐진다.

41 . 갑 진

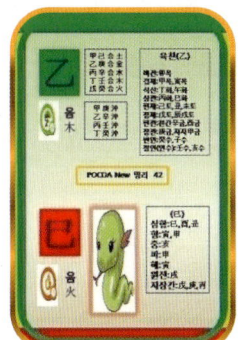

을사☞청사
　특징: 무한대의 실력. 매우 착하다.
을(乙)음(陰)목(木), 사(巳)음(陰)화(火)(육친
　으로 볼때는 양으로 바뀐다.)
오행☞목(木)생(生)화(火)
건강☞목은 간, 화는 심장
육친은 상관☞남(男)☞조모,외조모
　　　　　　여(女)☞자식
해설: 예능방면에 소질이 있다. 자기중심이
　　　매우 강하다. 이성에게도 인기가 있다.
　　　숨은 재주가 많고 두뇌가 명석하다.
　　　선행으로 주의의 칭찬을 받아라. 흙을
　　　가꾸듯 자 신의 삶을 가꾸어라.

　사(巳)는 오행중에 화에 비유한다. 인품이 단정하고 성정이 차분하면서 예민하다. 매사에 직선적이고 깔끔한 성격이며, 무엇이든 마음에 들면 끝까지 유종의 미를 거두는 투철한 기질이 있다. 숨은 재주가 많고 두뇌가 명석하다. 사람을 사귀면 이별을 잘하고 방황하는 성격이다. 유혹도 천부적으로 타고 났으며 허영심이 많다. 매사에 명석한 두뇌와 꾸준한 인내로 끝까지 매듭짓는다. 지적인 것과 헌신적인 면이 있으니 이것을 적절히 잘 개발하여 성공한다. 공격성이 발동하면 물불을 가리지 않는다.

　을(乙)은 오행중에 목에 비유한다. 풀, 넝쿨. 화분에 있는 나무에 비유한다. 아스팔트도 뚫고 나올 만큼 끈질기고 강한 생명력을 나타낸다. 갑양목이 흡수한 계음수의 수를 포함하며 을 자체는 나무가 물을 만난 것이라고 상징되므로 두려울 것이 없이 자라나는 것을 비유한다. 최후의 승리를 위하여 최선을 다해서 결과물을 얻어낼만큼 끈질긴 도전과 생명력을 가지고 있다. 베풀기를 좋아하기 때문에 나이가 들수록 남에게 인정과 존귀를 받는다.

42. 을 사

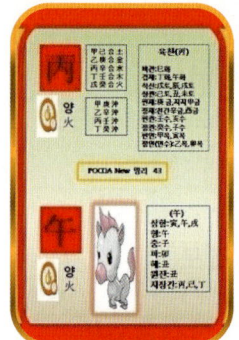

병오☞적토마
　특징:움직여라,걸어라,뛰어라,화려하고 통이크다.
병(丙)양(陽)화(火), 오(午)양(陽)화(火)(육친으로 볼때는 음으로 바뀐다.)
오행☞火火
건강☞화는 심장
육친은 겁재☞남(男)☞ 형제,이복형제
　　　　　　여(女)☞ 형제,이복형제
해설:얼굴이 이쁘거나 잘 생긴사람이 많다. 명랑하다. 겉으로는 화려하지만 실속은 챙긴다. 영감이 좋다. 마음이 착하다. 적극적이지 못하다. 봉사정신이 투철하다. 소탈하다.

오(午)는 오행중에 화에 비유한다. 천성이 인자하고 활달하여 대인관계가 원만하며 친구도 많다. 타고난 재복이 풍성하고 이름도 널리 떨칠 수 있다. 자연 순리 법칙에 가장 잘 순응한다. 대인관계는 이상형을 추구한 나머지 외톨이가 되기 쉽다. 음식은 골고루 섭취하여야 하고, 예지력은 상상을 초월한다. 싫어짐은 버리고 좋아짐은 키워 큰일을 성취시킨다. 정보수집에 뛰어나고 궤변에 능통하다. 적과의 동침도 잘한다.

병(丙)은 오행중에 화에 비유한다. 양화이므로 태양이나 큰 불에 비유한다, 타오르는 불이므로 위험을 뜻하기도 한다. 의리에 강하다. 일의 분석력도 뛰어나고, 성격은 화끈하고 뒤끝이 없다. 상대방을 파악 잘하고 순간대처 능력도 뛰어나고 예의범절도 중요시한다. 혼자 가슴앓이도 많이 한다. 열기가 솟구치는 것이니 호걸풍의 사람이 많고 소멸, 폐허, 전쟁, 공포, 병, 위험, 파괴 등을 나타낸다.

43 . 병 오

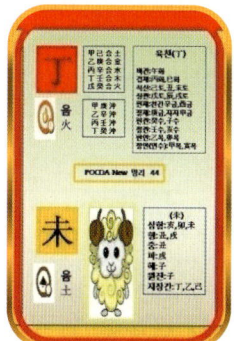

정미☞붉은 양 특징: 신중하고 최선을 다하라.개방적이다.
정(丁)음(陰)화(火), 미(未)음(陰)토(土)
오행☞화(火)생(生)토(土)
건강☞화는 심장,토는 위

육친은 식신☞남(男)☞장인,장모,조카,손자
　　　　　　여(女)☞자식,손자,친정조카
해설:무슨일이든 비밀이 없다.비판력이 뛰어나다.솔직하다.변화가 별로 없고 평범하다.누 구하고든 친하게 잘 지낸다. 조용하고 부끄러움이 많다. 고집이 완고하다.

미(未)는 오행중에 토에 비유한다. 학구적인 사색을 간섭 받기를 싫어한다. 고요한 성품이 어질고 유순은 하나 내성적인 고집과 우김성이 있고 자존심이 강하여 승부 걸기를 좋아하고, 음식 맛도 잘 보고 음식도 잘한다. 음식에 기호품이 있어 까다롭다. 어떤 일을 시작해도 꾸준하고 꼼꼼하다. 편안함을 추구하며 멋을 부리지 않는다. 마음이 너그럽고 욕심을 부리지 않는다. 직업은 학문 분야에 연구하는 교직자가 적합하다.

정(丁)은 오행중에 화에 비유한다. 음화이므로 작은 불에 비유한다. 정화는 작은불, 촛불을 나타낸다. 수리력과 탐구력, 상상력이 뛰어나고 신의도 잘 지킨다. 새로운 것에 관심도 많고, 의식 세계가 남보다 뛰어나다. 주의사람들에게 호기심이 많고, 미완성인 것을 의타심으로 메우려하니 영웅심이 강하고 인정이 많고 지배욕도 강한 반면 중상 모략에 잘 휘말리는 경향이 있다.

44 . 정 미

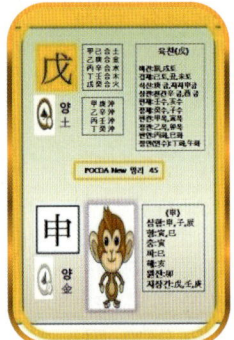

무신☞누런 원숭이
 특징:자기주장이 강하다. 의리가 강하다.
  무(戊)양(陽)토(土), 신(申)양(陽)금(金)
오행☞토(土)생(生)금(金)
건강☞토는 위,금은 폐
육친은 식신☞남(男)☞장인,장모,조카,손자
         여(女)☞자식,손자,친정조카
해설:마지막 일처리를 잘하고 사람관리 능력
   이 뛰어나다.머리가 총명하다.새로운 일
   에 관심이 많다. 고집이 세다.직감력이
   좋다. 분위기에는 아주 약하다.

신(申)은 오행중에 금에 비유한다. 천성이 착하고 쾌활하다. 단체성과 사교성이 뛰어나지만, 혼자 있기를 좋아한다. 두뇌도 명석하고 재능도 뛰어나며, 자존심은 강하고 욕심이 많다. 자신의 우월감에 사로잡혀 사람들과 사귀어도 깊은 정을 주지 않는 편이다. 숫자에 밝아 과학, 공학등의 계통에 적합하다. 12가지 재주가 있어 무엇이든지 못하는 게 없다. . 재주가 많아서 한곳에 정착을 못하는 경향이 있다.

무(戊)는 오행중에 토에 비유한다. 양토이니 마른 흙, 넓은 땅, 토대, 큰 바위에 비유한다. 큰일을 좋아하며 통이 크다. 입은 무겁고 경쟁심이 강하다. 일할때는 상대파악을 잘하며, 참모역할을 잘한다. 한번 실패했다고 주저앉기 보다는 재도전을 해서 성공한다. 신의도 중요시하고 의식세계가 남보다 앞선다. 장래의 희망과 목적의식을 가지고 큰일을 도모한다.

45 . 무 신

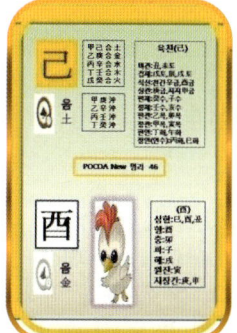

기유☞누런 닭 특징: 총명하다.성실하다.
기(己)음(陰)토(土), 유(酉)음(陰)금(金)
오행☞토(土)생(生)금(金) 건강☞토는 위,금은 폐
육친은 식신☞남(男)☞장인,장모,조카,손자
　　　　　　　여(女)☞자식,손자,친정조카
해설:자기중심으로 일처리를 하므로 종종 마찰이 있다.섬세하다. 대담하다.집념이 강하다.성 패가 극과 극이라 처세를 잘해야 한다. 부담스럽지 않는 매너. 깨우침이 빠르다.

유(酉)는 오행중에 금에 비유한다. 꿈이 잘 맞으며 예지력이 뛰어나므로 앞일을 잘 맞춘다. 인정이 많으며 조상이 돌봐준다고 한다. 성격이 강직하고 명예를 중히 여기며 범사에 호기심은 많다. 수시로 변천하는 사회에 적시 대응하는 처세가 원만하고 자기 이 속을 깍듯이 챙기면서 끝까지 밀고 나가려는 그 추진력과 투지가 좋다. 뜻은 높고 욕심이 적고 남과 사귀는 것에 예의를 갖춘다. 성품이 후덕하고 충직하며 덕망이 있다.

기(己)는 오행중에 토에 비유한다. 음은 알맞은 상태의 젖은 흙, 늪, 비옥한 땅을 의미한다. 호언장담을 잘하기도 하지만, 속이 깊어서 내색을 잘 하지 않고 번뜩이는 지혜가 뛰어나다. 젖은 흙속에 무언가를 감추어 둔 듯, 마음속에 간직한 비밀이 많다. 안정적인 직업이 최고이다. 생명을 꽃피울 수 있기에 그 비옥한 땅을 메꿔 꽃피울 것을 찾아 헤매게 된다.

46 . 기 유

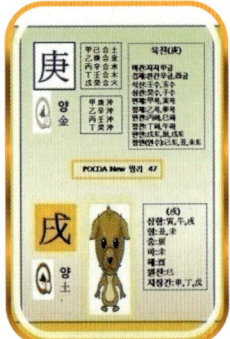

경술☞흰 개
　특징:합리적이다.고집이 세다.
　경(庚)양(陽)금(金), 술(戌)양(陽)토(土)
오행☞토(土)생(生)금(金)
건강☞금은 폐,토는 위
육친은 편인☞남(男)☞계모,유모,어머니 형제
　　　　　　　여(女)☞계모,유모,어머니 형제
해설:외유내강한 성품으로 성격이 온화하다
　　　대체로 인생이 순조롭다. 재물과 명예운이
　　　따른다, 낭비벽이 심하지만 안쓸때는 무지
　　　하게 알뜰하다.논리에 밝은 명석한 두뇌

　　술(戌)은 오행중에 토에 비유한다. 심성은 착하고 정직하
며 의리를 중히 여긴다. 재능과 예술 감각이 뛰어나다. 예
술방면으로 진출을 해도 능히 대성 발전할 수 있는 역량
과 소질을 가지고 있다. 개발 개척 정신이 강하다. 독립,
자립심이 강하며 자수성가의 타입이다. 잔인할 적엔 무척
잔인하다. 말싸움은 타의 추종을 불허하고 음량이 풍부하
므로 목소리를 사용하는 직업이 적합하다. 남성은 궤변에
능통하고 여성은 학술적인 언어학에 적격이다.

　　경(庚)은 오행중에 금에 비유한다. 양금이니 마른 돌과 딱
딱한 바위나 무쇠덩어리를 비유한다. 마음속에는 남모르는
걱정도 많고 근심도 많지만, 부정한 일을 못참고 입바른 말
을 잘하고, 의리도 잘 지킨다. 어떤 일이든 마음에 안들면
절대 쳐다도 보지 않지만 한번 시작하면 마무리도 잘한다.
때로는 말도 안되는 잡다한 욕심을 부리기도 한다.

47 . 경 술

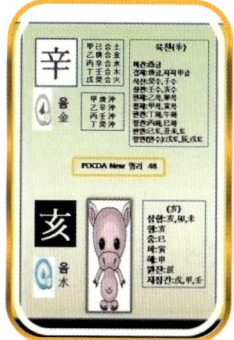

신해☞흰 돼지
 특징: 실질익을 중요하게 생각한다.자유롭다.
신(辛)음(陰)금(金), 해(亥)음(陰)수(水) (육친으로 볼때는 양으로 바뀐다.)
오행☞금(金)생(生)수(水)
건강☞금은 폐,수는 신장
육친은 상관☞남(男)☞조모,외조모
         여(女)☞자식
해설:중용을 지키려 노력하며 명참모의 소질이 있다.아이디어가 풍부하고 기발하다. 한 우물만 파면 성공한다. 가끔은 생활에 변화가 올 수도 있다.일을 신중하게 한다.

해(亥)는 오행중에 수에 비유한다. 성격이 온유하고 신의를 중히 여기며, 거짓이 없고 주관이 뚜렷하다. 강인한 집념과 왕성한 추진력이 있다. 남의 의견을 무시하고 자신의 고집을 앞세우는 경향이 있기 때문에, IT 산업의 선두주자중에 돼지(亥)가 년월일시에 있는 사람이 많다. 독립정신이 강해서 독창적인 아이디어를 짜내어 새로운 것을 만드는 일을 하는 것을 잘해낸다. 열두가지 복과 열두가지 재주가 있어 다재다능하다. 즉흥적인 것을 잘하여 주위의 주목을 받는다.

신(辛)은 오행중에 금에 비유한다. 음금이니 보석을 .비유한다. 결벽증이 있어서 사람도 선별해서 사귀고 자만심이 강하다. 남의 단점을 잘 알고 훤히 들여다보고 대처를 잘한다. 작은 선물에도 마음을 열고 좋아한다. 땅속의 바위이니, 물을 만나 시간속에 굳어진 광물이 보석이 되는 것처럼 새로움을 추구한다.

48 . 신 해

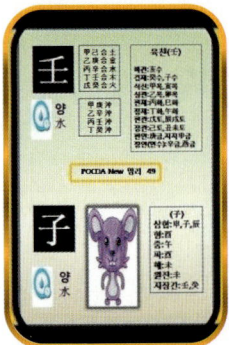

임자☞검은 쥐
  특징:유머와 재치가 있다.자기주장이 강하다.
임(壬)양(陽)수(水), 자(子)양(陽)수(水)(육친으로
  볼때는 음으로 바뀜)
오행☞水水
건강☞수는 신장
육친은 겁재☞남(男)☞형제,이복형제
              여(女)☞형제,이복형제
해설:박학다식하며 대중적이며 여행을 좋아한다.
    감정이 앞선다.성격이 불같다.
    차분하게 일을 처리하면 모든일이 잘 풀린
    다.끊임없이 움직인다.

자(子)는 오행중에 수(水)에 비유한다. 고지의 정복을 목표로 삼으면서 끊임없이 노력하여 마음먹은 일은 끝까지 완성시킨다. 감각기능이 예민하여 순간적인 재치가 있고 논리적이다. 배우자, 즉 남편이나 처를 사랑하는 것보다 자식사랑이 더욱 깊다. 성품이 깔끔하고 사교적이므로 사업이 잘된다. 차분하고 쾌할한 기질이 친화성이 좋고 사교성이 뛰어나 친구가 많으므로, 사람을 불러들이는 업종이면 무엇이든지 크게 성공할 수 있다.

임(壬)은 오행중에 수에 비유한다. 양수이니 큰바다, 태평양, 인도양, 대서양을 비유한다. 속마음을 겉으로 드러내지 않는 깊은 마음을 가졌지만, 겉으로는 마음이 넓고 대범하다. 흐르는 물이므로 변동을 잘하고 화술, 권모술수에 능하고 임기응변에도 뛰어나다. 실천력이 약하지만, 움직여야 좋다.

49 . 임 자

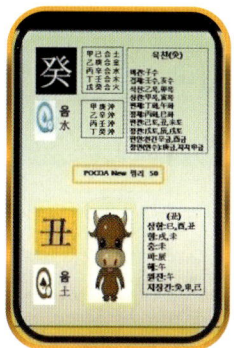

계축☞검은 소
　특징:두뇌가 총명하다. 보수적이다.
　계(癸)음(陰)수(水), 축(丑)음(陰)토(土)
오행☞토(土)극(剋)수(水)
건강☞수는 신장,토는 위
육친은 편관☞남(男)☞자식,백모,조부,사촌형제
　　　　　　　여(女)☞ 남편의 형
해설:보기에는 느려보이지만 실제로는 대단한
　　　행동파다.홀로 사색하기를 좋아한다.
　　　성격이 조용하고 말을 아낀다.대기만성형
　　　이다.

축(丑)은 오행중에 토에 비유한다. 천성이 유순하고 모질지 않으나, 우직스런 뚝심과 고집이 있어 다소 저항적이기도 한다. 자아의식이 강하고, 꾀를 부리지 않으면서도 학업에 열중하지 않고 곧잘 독단적인 행위를 취하기도 한다. 매사에 느리고 여유가 있다. 명예욕은 매우 강하나 여유를 부림으로 기회포착이 좀 늦어진다. 남에게 복종은 못한다. 명예욕이 강한 고로 성취가 없으면 매사에 불만이 많다. 경제는 보통이며 은둔생활을 좋아한다. 낭만적이고 성실하고 온순하다.

계(癸)는 오행중에 수에 비유한다. 음수이니 작은물, 안개, 우물물을 비유한다. 크게 되고 싶은 욕심을 버리고 안정되게 움직여야 한다. 알맞게 고여 있는 물이므로, 주위를 평화롭게 해준다. 잠재능력이 뛰어나긴 하지만, 자기 꾀에 자기가 넘어갈 수 있으니 조심해야 한다. 공직에 인연이 있다. 항상 바쁘고 분주하다. 직업을 여러 개 가질 수도 있다.

50 . 계 축

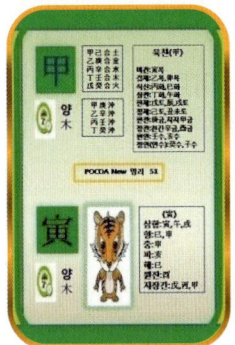

갑인☞청 호랑이
　특징:위풍당당하다.태양처럼 밝고
　　　활달하다
　갑(甲)양(陽)목(木), 인(寅)양(陽)목(木)
오행☞木木
건강☞목은 간
육친은 비견☞남(男)☞형제,친구,조카,
　　　　　　 여(女)☞형제,친구,조카
해설:친화력이 풍부하여 친구가 많다.낙천
　　 적이고 성격이 활달하다. 남의 흉내를
　　 잘내서 자기 것으로 만든다. 끈기가
　　 부족하다.자유롭게 활동한다.

인(寅)은 오행중에 목에 비유한다. 성격이 조급하고 경솔한 편이나 경계심이 높고 호탕한 기질이 낙천적이면서도 옳고 그름을 분명히 하고, 정의를 숭상하는 강직한 성품이다. 모든 일에 항상 호령하면서 리드하는 지휘자격이 되어 앞장선다. 권위있는 직업을 얻기 위해 뛰어난 용기와 야망을 성취하려는 독립심이 강하다. 세속적인 출세나 안정을 바라지 않고 방황하는 성품이다. . 어떤 일이든 마음 먹으면 끝까지 해내지만, 동상이몽을 잘한다.

갑(甲)은 오행중에 목에 비유한다. 큰 나무나 고목나무에 비유한다. 갑은 양목이다. 양은 큰 것, 마른 것을 의미하므로, 마른 나무, 큰 나무라고 표현할 수 있다. 나무의 성장의지, 자라고자 하는 의욕을 의미하며 상징화시켜 목이라 표현한 것이다. 박학다식하고 노트정리를 잘한다. 자신에게 불리한 상황이 있어도 아쉬운 소리도 못하고 굽신거리지 못한다. 종교계의 우두머리로 이상은 높으나 현실 감각이 뒤쳐진다.

51 . 갑 인

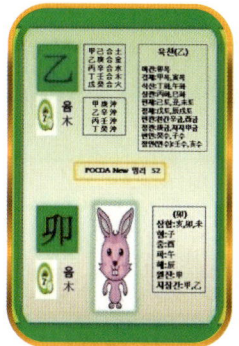

을묘☞푸른 토끼
 특징:착하고 인자하다. 꼿꼿한 기질.
 을(乙)음(陰)목(木), 묘(卯)음(陰)목(木)
오행☞木木
건강☞목은 간
육친은 비견☞남(男)☞형제,친구,조카
          여(女)☞형제,친구,조카
해설:얌전하며 대인관계에서도 인기가 많다.현실적이고 애정이 풍부하다. 최고를 좋아한다. 재주는 많은데 활용을 못할때가 있다. 보수적이다

묘(卯)는 오행중에 목에 비유한다. 천성이 유순하고 인정이 있으며, 남다른 육감과 손재주를 지니고 있다. 논리적인 명확성을 갖추어 불분명한 것을 싫어한다.
눈이 맑고 수학적인 머리를 갖추고 있다. 부모덕을 못보나 자식을 끔찍하게 생각한다. 도전적이고 질서 정연한 이론을 전개하며 보통 사람들과 거리감을 조성하길 잘한다. 후회할 줄 몰라서 손해보는 경우가 많다. 비사교적이며 창작 예술적 감각과 재질이 풍부하다.

을(乙)은 오행중에 목에 비유한다. 풀, 넝쿨. 화분에 있는 나무에 비유한다. 아스팔트도 뚫고 나올 만큼 끈질기고 강한 생명력을 나타낸다. 갑양목이 흡수한 계음수의 수를 포함하며 을 자체는 나무가 물을 만난 것이라고 상징되므로 두려울 것이 없이 자라나는 것을 비유한다. 최후의 승리를 위하여 최선을 다해서 결과물을 얻어낼만큼 끈질긴 도전과 생명력을 가지고 있다. 베풀기를 좋아하기 때문에 나이가 들수록 남에게 인정과 존귀를 받는다.

52. 을 묘

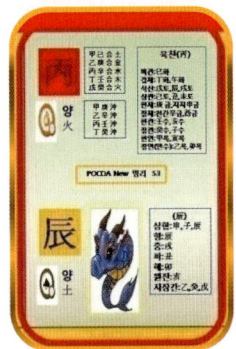

병진☞붉은 용
 특징:예의와 신의가 있다.슬기롭다.
 병(丙)양(陽)화(火), 진(辰)양(陽)토(土)
 오행☞화(火)생(生)토(土)
 건강☞화는 심장, 토는 위

 육친은 식신☞남(男)☞장인,장모,조카,손자
           여(女)☞자식,손자,친정조카

 해설:인간성이 좋다. 고독을 즐길때도 있다. 신의를 잘 지켜 사교성을 보충한다. 숫자에 밝고 지적이다.예능분야에 소질이 있다.남다른 재주가 있고 자기주장이 강하다

진(辰)은 오행중에 토에 비유한다. 성품이 유순하고 생각이 깊어서 모든 일에 잘 순응하고 왕성한 활동력이 자신을 영화롭게 잘 변신시킨다. 대외적이고 공상적이다. 신앙심이 두텁다. 현실에 집착하지 않으며 통이 크다. 주위사람들의 안목을 대수롭게 여기지 않는 행동을 잘한다. 실천적인 경향이 강하다. 냉정할때는 무자비할 정도로 냉정하다. 변덕이 심하고 타인을 얕잡아 보는 기질이 강하다. 처세술에 뛰어나고 감정이 풍부하다. 공상과 함께 예지력도 겸비하고 있다.

병(丙)은 오행중에 화에 비유한다. 양화이므로 태양이나 큰 불에 비유한다, 타오르는 불이므로 위험을 뜻하기도 한다. 의리에 강하다. 일의 분석력도 뛰어나고, 성격은 화끈하고 뒤끝이 없다. 상대방을 파악 잘하고 순간대처 능력도 뛰어나고 예의범절도 중요시한다. 혼자 가슴앓이도 많이 한다. 열기가 솟구치는 것이니 호걸풍의 사람이 많고 소멸, 폐허, 전쟁, 공포, 병, 위험, 파괴 등을 나타낸다.

53 . 병 진

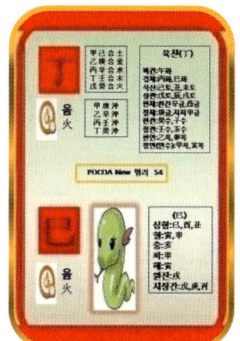

정사☞붉은 뱀
 특징:명랑하고 쾌활하다.동정심이 많다.
정(丁)음(陰)화(火), 사(巳)음(陰)화(火)(육친 으로 볼때는 양으로 바뀐다.)
오행☞火火
건강☞화는 심장
육친은 겁재☞남(男)☞형제,이복형제
　　　　　　여(女)☞형제,이복형제
해설:겉보기에는 매우 부드럽고 인자하지만 속으로는 자아가 강하고 신경이 예민하다.사람을 잘 사귄다.주위에 좋은 사람이 많다.역경을 잘 헤쳐나간다.

사(巳)는 오행중에 화에 비유한다. 인품이 단정하고 성정이 차분하면서 예민하다. 매사에 직선적이고 깔끔한 성격이며, 무엇이든 마음에 들면 끝까지 유종의 미를 거두는 투철한 기질이 있다. 숨은 재주가 많고 두뇌가 명석하다. 사람을 사귀면 이별을 잘하고 방황하는 성격이다. 유혹도 천부적으로 타고 났으며 허영심이 많다. 매사에 명석한 두뇌와 꾸준한 인내로 끝까지 매듭짓는다. 지적인 것과 헌신적인 면이 있으니 이것을 적절히 잘 개발하여 성공한다. 공격성이 발동하면 물불을 가리지 않는다.

정(丁)은 오행중에 화에 비유한다. 음화이므로 작은 불에 비유한다. 정화는 작은불, 촛불을 나타낸다. 수리력과 탐구력, 상상력이 뛰어나고 신의도 잘 지킨다. 새로운 것에 관심도 많고, 의식 세계가 남보다 뛰어나다. 주의사람들에게 호기심이 많고, 미완성인 것을 의타심으로 메우려하니 영웅심이 강하고 인정이 많고 지배욕도 강한 반면 중상 모략에 잘 휘말리는 경향이 있다.

54 . 정 사

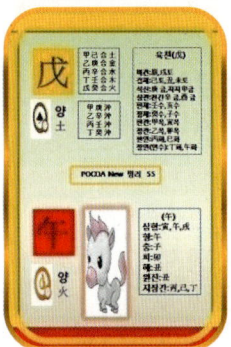

무오☞누런 말
  특징:승부욕. 명예욕이 강하다.성실하다.
무(戊)양(陽)토(土), 오(午)양(陽)화(火)(육친
으로 볼때는 음으로 바뀐다.)
오행☞화(火)생(生)토(土)
건강☞토는 위,화는 심장
육친은 정인☞남(男)☞어머니,장모,손자
              여(女)☞어머니,사촌형제,손자
해설:흑과 백이 분명한 성격이어서 쓸데 없
   는 오해를 받기도 한다.영감이 좋다.
   마음이 착하다.적극적이지 못하다.봉사
   정신이 투철하다.소탈하다.

오(午)는 오행중에 화에 비유한다. 천성이 인자하고 활달하여 대인관계가 원만하며 친구도 많다. 타고난 재복이 풍성하고 이름도 널리 떨칠 수 있다. 자연 순리 법칙에 가장 잘 순응한다. 대인관계는 이상형을 추구한 나머지 외톨이가 되기 쉽다. 음식은 골고루 섭취하여야 하고, 예지력은 상상을 초월한다. 싫어짐은 버리고 좋아짐은 키워 큰일을 성취시킨다. 정보수집에 뛰어나고 궤변에 능통하다. 적과의 동침도 잘한다.

무(戊)는 오행중에 토에 비유한다. 양토이니 마른 흙, 넓은 땅, 토대, 큰 바위에 비유한다. 큰일을 좋아하며 통이 크다. 입은 무겁고 경쟁심이 강하다. 일할때는 상대파악을 잘하며, 참모역할을 잘한다. 한번 실패했다고 주저앉기 보다는 재도전을 해서 성공한다. 신의도 중요시하고 의식세계가 남보다 앞선다. 장래의 희망과 목적의식을 가지고 큰일을 도모한다.

55 . 무 오

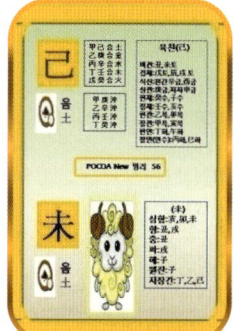

기미☞누런 양
　특징:논리가 정연하다. 고집이 완고하다
　기(己)음(陰)토(土), 미(未)음(陰)토(土)
오행☞土土
건강☞토는 위
육친은 비견☞남(男)☞형제,친구,조카,
　　　　　　여(女)☞형제,친구,조카
해설:잔걱정이 많다. 사람들을 인도하고 가
　르치는 데는 남다른 재주가 있다.
　솔직하다.변화가 별로 없고 평범하다.누
　구하고든 친하게 잘 지낸다.

미(未)는 오행중에 토에 비유한다. 학구적인 사색을 간섭 받기를 싫어한다. 고요한 성품이 어질고 유순은 하나 내성적인 고집과 우김성이 있고 자존심이 강하여 승부 걸기를 좋아하고, 음식 맛도 잘 보고 음식도 잘한다. 음식에 기호품이 있어 까다롭다. 어떤 일을 시작해도 꾸준하고 꼼꼼하다. 편안함을 추구하며 멋을 부리지 않는다. 마음이 너그럽고 욕심을 부리지 않는다. 직업은 학문 분야에 연구하는 교직자가 적합하다.

기(己)는 오행중에 토에 비유한다. 음은 알맞은 상태의 젖은 흙, 늪, 비옥한 땅을 의미한다. 호언장담을 잘하기도 하지만, 속이 깊어서 내색을 잘 하지 않고 번뜩이는 지혜가 뛰어나다. 젖은 흙속에 무언가를 감추어 둔 듯, 마음속에 간직한 비밀이 많다. 안정적인 직업이 최고이다. 생명을 꽃피울 수 있기에 그 비옥한 땅을 메꿔 꽃피울 것을 찾아 헤매게 된다.

56 . 기 미

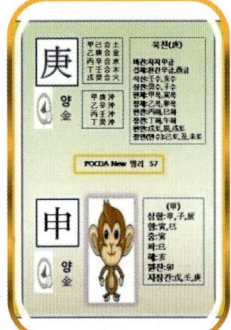

경신☞흰 원숭이
  특징:임기응변이 능하다.고집이 세다
   경(庚)양(陽)금(金), 신(申)양(陽)금(金)
오행☞金金
건강☞금은 폐
육친은 비견☞남(男)☞형제,친구,조카,
           여(女)☞형제,친구,조카
해설:유행에 민감하며,지기를 싫어하는 성품
   이다. 머리가 총명하다.새로운 일에
   관심이 많다. 고집이 세다.직감력이 좋
   다.감성의 소유자다.

신(申)은 오행중에 금에 비유한다. 천성이 착하고 쾌활하다. 단체성과 사교성이 뛰어나지만, 혼자 있기를 좋아한다. 두뇌도 명석하고 재능도 뛰어나며, 자존심은 강하고 욕심이 많다. 자신의 우월감에 사로잡혀 사람들과 사귀어도 깊은 정을 주지 않는 편이다. 숫자에 밝아 과학, 공학등의 계통에 적합하다. 12가지 재주가 있어 무엇이든지 못하는 게 없다. . 재주가 많아서 한곳에 정착을 못하는 경향이 있다.

경(庚)은 오행중에 금에 비유한다. 양금이니 마른 돌과 딱딱한 바위나 무쇠덩어리를 비유한다. 마음속에는 남모르는 걱정도 많고 근심도 많지만, 부정한 일을 못참고 입바른 말을 잘하고, 의리도 잘 지킨다. 어떤 일이든 마음에 안들면 절대 쳐다도 보지 않지만 한번 시작하면 마무리도 잘한다. 때로는 말도 안되는 잡다한 욕심을 부리기도 한다.

57 . 경 신

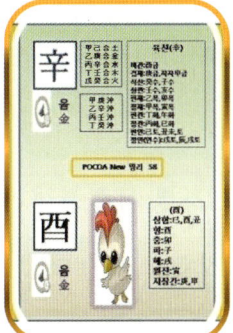

신유☞하얀 닭
 특징:결단력이 강하다. 섬세하다.
  신(辛)음(陰)금(金), 유(酉)음(陰)금(金)
오행☞金金 건강☞금은 폐
육친은 비견☞남(男)☞형제,친구,조카,
         여(女)☞형제,친구,조카
해설:부지런한만큼 강직한 성격이다. 숫자에
 밝고 예능에 남다른 재주가 있다.머리
 가 총명하다.새로운 일에 관심이 많다.
 고집이 세다.직감력이 좋다.

유(酉)는 오행중에 금에 비유한다. 꿈이 잘 맞으며 예지력이 뛰어나므로 앞일을 잘 맞춘다. 인정이 많으며 조상이 돌봐준다고 한다. 성격이 강직하고 명예를 중히 여기며 범사에 호기심은 많다. 수시로 변천하는 사회에 적시 대응하는 처세가 원만하고 자기 이 속을 깍듯이 챙기면서 끝까지 밀고 나가려는 그 추진력과 투지가 좋다. 뜻은 높고 욕심이 적고 남과 사귀는 것에 예의를 갖춘다. 성품이 후덕하고 충직하며 덕망이 있다.

신(辛)은 오행중에 금에 비유한다. 음금이니 보석을 .비유한다. 결벽증이 있어서 사람도 선별해서 사귀고 자만심이 강하다. 남의 단점을 잘 알고 훤히 들여다보고 대처를 잘한다. 작은 선물에도 마음을 열고 좋아한다. 땅속의 바위이니, 물을 만나 시간속에 굳어진 광물이 보석이 되는 것처럼 새로움을 추구한다.

58 . 신 유

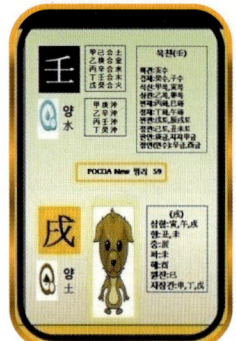

임술☞검은 개
   특징:호기로운 기질이다.합리적이다
      임(壬)양(陽)수(水), 술(戌)양(陽)토(土)
오행☞토(土)극(剋)수(水)
건강☞수는 신장,토는 위
육친은 편관☞남(男)☞자식,백모,조부,사촌형제
         여(女)☞ 남편의 형
해설:박학다식해서 어디에도 두각을 나타낸다.
   남에게 간섭하기를 좋아해서 파란을
   겪기도 한다.대체로 인생이 순조롭다.
   재물과 명예운이 따른다.낭비벽이 심하지
   만 안쓸때는 무지하게 알뜰하다.

술(戌)은 오행중에 토에 비유한다. 심성은 착하고 정직하며 의리를 중히 여긴다. 재능과 예술 감각이 뛰어나다. 예술방면으로 진출을 해도 능히 대성 발전할 수 있는 역량과 소질을 가지고 있다. 개발 개척 정신이 강하다. 독립, 자립심이 강하며 자수성가의 타입이다. 잔인할 적엔 무척 잔인하다. 말싸움은 타의 추종을 불허하고 음량이 풍부하므로 목소리를 사용하는 직업이 적합하다. 남성은 궤변에 능통하고 여성은 학술적인 언어학에 적격이다.

임(壬)은 오행중에 수에 비유한다. 양수이니 큰바다, 태평양, 인도양, 대서양을 비유한다. 속마음을 겉으로 드러내지 않는 깊은 마음을 가졌지만, 겉으로는 마음이 넓고 대범하다. 흐르는 물이므로 변동을 잘하고 화술, 권모술수에 능하고 임기응변에도 뛰어나다. 실천력이 약하지만, 움직여야 좋다.

59. 임 술

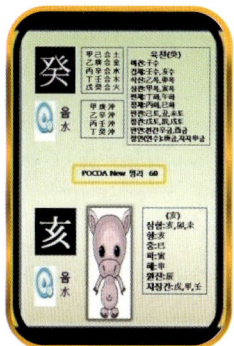

계해☞검은 돼지
  특징:천재적인 지혜가 있다.명석한 두뇌.
계(癸)음(陰)수(水), 해(亥)음(陰)수(水)(육친으로 볼때는 양으로 바뀐다.)
오행☞水水
건강☞수는 신장
육친은 겁재☞남(男)☞형제,이복형제
             여(女)☞형제,이복형제
해설:천재적인 지혜가 있다. 자신감이 넘친다. 어려운 일도 인내력으로 반전시킨다. 아이디어가 풍부하고 기발하다. 한가지 일을 끝까지 하면 성공한다

해(亥)는 오행중에 수에 비유한다. 성격이 온유하고 신의를 중히 여기며, 거짓이 없고 주관이 뚜렷하다. 강인한 집념과 왕성한 추진력이 있다. 남의 의견을 무시하고 자신의 고집을 앞세우는 경향이 있기 때문에, IT 산업의 선두주자중에 돼지(亥)가 년월일시에 있는 사람이 많다. 독립정신이 강해서 독창적인 아이디어를 짜내어 새로운 것을 만드는 일을 하는 것을 잘해낸다. 열두가지 복과 열두가지 재주가 있어 다재다능하다. 즉흥적인 것을 잘하여 주위의 주목을 받는다.

계(癸)는 오행중에 수에 비유한다. 음수이니 작은물, 안개, 우물물을 비유한다. 크게 되고 싶은 욕심을 버리고 안정되게 움직여야 한다. 알맞게 고여 있는 물이므로, 주위를 평화롭게 해준다. 잠재능력이 뛰어나긴 하지만, 자기 꾀에 자기가 넘어갈 수 있으니 조심해야 한다. 공직에 인연이 있다. 항상 바쁘고 분주하다. 직업을 여러 개 가질 수도 있다.

60 . 계 해

이 책을 마무리하면서

살아온 길보다 살아갈 길이 많고 할 일이 많은 것이 우리가 인생을 보는 관점이 아닌가 합니다. 지나온 길은 찰나와 같고 내가 지금부터 해야 할 일은 "한시간 씩이나 걸리는 일"이고 "일주일 이나 해야 되는 일"들이 즐비하게 나를 기다리고 있습니다.
해야 할 일이 있다는 것이 얼마나 행복한 일입니까? 만약 그 일이 지옥 같거나 , 진짜로 하기 싫은 일이라면? 해서는 안되는 일이라면?
마음의 결정을 내려야 겠지요.
아무리 하고 싶은 말이라도 남에게 상처가 되는 말은 그냥 본인의 마음 속에 묻어 두십시오.
그 말로 인해 상대방은 다시는 일어설 수 없는 절망에 빠집니다.

말을 나누지 않고 마음을 나누고 살아가고 싶습니다.

한 우물만 파라고요? 저는 그렇게 생각합니다. 한우물만 파다가 그 우물에 자신이 빠질 수도 있다는 것을, 아무리 깊은 우물에 들어갔다 하더라도, 뚜레박이라도 있으면, 그것이라도 붙들고 빠져 나오십시오. 암흑처럼 깜깜한 우물을 빠져나오면, 밝은 빛도 보이고, 절망으로 가득찬 나의 손을 잡아 주고 내 이야기를 들어 줄 친구도 만나게 됩니다.

이 책과 사주카드로 인해, 보다 인생을 즐겁게 긍정적으로 엮어 갔으면 하는 것이 저의 바램입니다.
　　　　　　　　　　　감사합니다.　佳 嬉

 2014년 12월 내 생애 가장 행복한 날에

LUCK
(행운의 카드)

福

오행카드는 만사형통 카드입니다.
당신이 하는 일에 행운이 따를 겁니다.

POCOA New 명리

제   목 : 니 사주 니가 봐
출   판 : 2014년 12월 5일
그   림 : 우승민,승주,승무
공   저 : 진문영 (文 英),가희(佳姬)
출 판 사 : 포코아 New명리
홈페이지: Http://www.daum.net/pocoa1012
인   쇄 : 북인북